Σ BEST シグマベスト

シグマ基本問題集

政治・経済

文英堂編集部 編

POLITICS
& ECONOMY

文英堂

特色と使用法

◎ 『シグマ基本問題集 政治・経済』は，問題を解くことによって教科書の内容を基本からしっかりと理解していくことをねらった**日常学習用問題集**である。編集にあたっては，次の点に気を配り，これらを本書の特色とした。

→ 学習しやすい小項目主義をとり，重要ポイントを明示

→ 学校の授業にあわせて学習しやすいように，「政治・経済」の内容を35の項目に分けた。

　また，テストに出る重要ポイントでは，その項目での重要度が非常に高く，必ずテストに出るようなポイントだけをまとめてある。問題練習に入る前に，必ず目を通しておこう。

→ 「基本問題」と「標準問題」の2段階編集

→ 基本問題 は教科書の内容を理解するための問題で， 標準問題 はやや細かい知識を確認したり，重要ポイントの理解を深めたりする問題である。どちらにも できたらチェック の確認欄を設けてあるので，できたかどうか確認し，弱点の発見に役立ててほしい。

　さらに，必要に応じて，問題を解くうえでのヒントや指針となるアドバイスを設けた。解けない問題は， ガイド を見て，できるだけ自分で考えよう。

→ 定期テスト対策も万全

→ 基本問題 の中で，定期テストに出やすい問題には テスト必出 マークをつけた。テスト直前には，これらの問題を優先的に解いて，重要事項を再チェックしよう。

　また， 標準問題 の中で，難易度の高い問題には 差がつく マークをつけた。これらの問題を解いて，実戦的な問題練習に取り組んでおけば，テスト対策は万全である。

→ くわしい解説つきの別冊正解答集

→ 解答は答え合わせをしやすいように別冊とし，問題の解き方が完璧にわかるように，くわしい解説をつけた。

　また， テスト対策 では，定期テストなどの試験対策上のアドバイスや留意点を示した。大いに活用してほしい。

もくじ

1 民主政治の基本原理

◉ 政治と国家

① 政治…人間社会の運営のために必要な意思決定を行う活動。人々が**正統性**をもつと認めた政治権力により，強制力をもつ支配が行われる。

② 国家…国家権力をもとに秩序を形成。領域・国民・主権の三要素をもつ。政府が国家の意思決定にあたる。

◉ 民主政治の成立

① 絶対王政…王権神授説によって正当化された専制的な政治。

② 市民革命…市民階級を中心に，**ピューリタン革命**(1642年～)・**名誉革命**(清教徒)(1688年)，**アメリカ独立革命**(1775年～)，**フランス革命**(1789年～)。

③ 社会契約説…生まれながらにもっている生命・自由・財産・幸福追求などの**自然権**を守るため，人間は契約を結んで国家をつくる。ホッブズ・ロック・ルソーらが主張し，市民革命を理論的に支えた。

人　名	著　書	主　張
ホッブズ	『リバイアサン』	「万人の万人に対する闘争」状態
ロック	『統治二論』(とうち)	人民は抵抗権(革命権)をもつ
ルソー	『社会契約論』	一般意志に基づく人民主権

◉ 民主政治の基本原理

① 法の支配…どのような権力も法により拘束(こうそく)される。これに基づき，**立憲主義**(りっけんしゅぎ)が成立。イギリスでは**コモン・ロー**(普通法)の伝統。

```
                  ┌ 自然法 ┐ 不文法 ┌ 慣習法 ── 公法
         法 ┤                        │
                  └ 実定法 ── 成文法 ┤ 国内法 ── 私法
                                     │        └ 社会法
                           国際法 ── 条約
```

② 基本的人権の保障…人間は何人も(なんぴと)奪えない(うば)生命・自由・平等・財産などの権利を生まれながらにもつ。イギリスの**権利請願**(1628年)・**権利章典**(1689年)，アメリカの**バージニア権利章典**(1776年)・**アメリカ独立宣言**(1776年)，フランス人権宣言(1789年)などで確立。世界人権宣言(1948年)，国際人権規約(1966年)，子ども(児童)の権利条約(1989年)などで人権が国際化。

③ 国民主権(人民主権)…国民が政治の決定権(主権)をもつ。直接民主制と間接民主制(**代表民主制**，**議会制民主主義**)。チャーティスト運動などを経て**参政権**が確立。多数決原理により運営されるが，多数者の専制(おうせい)に陥る危険も。

④ 権力分立…国家権力を複数の機関に分散して，抑制(よくせい)・均衡(きんこう)(**チェック・アンド・バランス**)を保つ。モンテスキューが『**法の精神**』で立法・行政・司法の三権分立を主張。

基本問題 ●●●●●●●●●●●●●●●●●●●●●●●●●●●●●● 解答 ➡ 別冊 *p.2*

1 政治と国家

〈できたらチェック〉

次の説明にあてはまる語句を答えよ。

□ (1) 社会を構成する人々の間の考え方の相違・利害や対立を調整して，望ましい社会秩序や全体の利益を形成するための活動。

□ (2) 一定の領域を基礎とし，そこに住む人々を権力によって統治(とうち)する社会集団。

□ (3) (2)が存立するうえで欠かせない，領域・主権と並ぶ要素。

□ (4) 人々が権力に正統性(正当性)を感じ，受け入れることによって支配が成り立つと論じたドイツの社会学者。

□ (5) 刑法，地方自治法など，国家と国民の間の関係を規律する法。

□ (6) 労働基準法，生活保護法など，公共的な利益の達成をはかる法。

2 民主政治の成立 ◀テスト必出

次の文中の〔 〕から正しい語句を選べ。

□ (1) 中世の絶対王政は，国王の権力は神に由来するとする〔社会契約説　王権神授説〕に支えられていた。

□ (2) 市民革命の中心となったのは，富裕な商工業者を中心とする〔市民階級　封建領主(ほうけんりょうしゅ)〕である。

□ (3) イギリスで1688〜89年におこった〔名誉革命　ピューリタン革命〕では，議会の権利が確立された。

□ (4) 1789〜99年におこった〔フランス　アメリカ独立〕革命では，王政が廃止(はいし)され，共和政が実現した。

□ (5) 自由で平等な人間が国家を樹立(じゅりつ)するために互(たが)いに〔チェック・アンド・バランス　社会契約〕を結ぶことによって，初めて政治権力が生まれる。

□ (6) 人間が生まれながらにもっている権利を〔自然権　社会権〕といい，国家がこれを侵害(しんがい)することは許されない。

□ (7) ホッブズは著書『〔法の精神　リバイアサン〕』の中で，自然状態の下(もと)で自由は互いに衝突(しょうとつ)し，「万人の万人に対する闘争」状態を生み出すと述べた。

□ (8) ロックは著書『〔リバイアサン　統治二論(市民政府二論)〕』の中で，政府が自然権を侵害した場合，人民は抵抗権(革命権)を有すると述べた。

□ (9) ルソーは著書『〔統治二論(市民政府二論)　社会契約論〕』の中で，主権は公共の利益を実現することをめざす一般意志に基づいて行使されると説いた。

❸　民主政治の基本原理

次の空欄にあてはまる語句を，あとの〔　〕から選べ。

☐ (1)　エドワード・コークは，慣習法として受け継がれている（　　）による支配を主張した。

☐ (2)　憲法は国家権力を制限するためにつくられるのだとする考え方を（　　）という。

☐ (3)　一定の手続きによってつくられた法を（　　）という。

☐ (4)　(3)のうち，明確な文言で規定された法を（　　）という。

☐ (5)　国内法のうち，民法・商法・会社法などは（　　）に区分される。

☐ (6)　右の年表中のアには，人民の自由・平等を掲げた（　　）があてはまる。

☐ (7)　右の年表中のイは，（　　）の拡大を求めておこった運動である。

☐ (8)　右の年表中のウには，国際連合が採択した（　　）があてはまる。

1776年	アメリカ独立宣言
1789年	フランス（ ア ）
	↓チャーティスト運動…イ
1919年	ワイマール憲法
1948年	世界人権宣言
1966年	（ ウ ）

〔　私法　　人権宣言　　参政権　　制定法　　実定法^{じっていほう}
　　立憲主義^{りっけんしゅぎ}　　国際人権規約　　コモン・ロー　〕

標準問題 ●●● 解答 ➡ 別冊 *p.2*

❹　◀差がつく▶　次の文を読んで，あとの各問いに答えよ。

　人間社会の統合を保つための舵^{かじ}とりとしての政治には，社会の秩序^{ちつじょ}の形成と維^い持をするはたらきが必要であり，そのために強制力が必要になる。この強制力が（ ① ）である。中世イギリスで出された（ ② ）は，（ ① ）も法の下に従属し，法に基づいてのみ行使されるとする（ ③ ）の原則を宣言した。この原則は近代になって，権力行使のあり方は憲法によりあらかじめ定めるべきだとする（ ④ ）の考え方に発展した。

（できたらチェック）

☐ (1)　①～④にあてはまる語句を選び，それぞれ記号で答えよ。

　ア　法の支配　　イ　立憲主義　　ウ　政治権力
　エ　マグナ・カルタ　　オ　社会規範

☐ (2)　下線について，右の図は法の分類を示している。A～Cにあてはまる法の種類を選び，それぞれ記号で答えよ。

　ア　慣習法　　イ　私法　　ウ　実定法

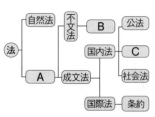

5　次の文を読んで，あとの各問いに答えよ。

　（　①　）は，A社会が成立する以前の自然状態から脱して，人民が平和に生きるためには，社会契約を結び自然権を統治者に委譲しなければならないと考えた。（　②　）は，社会が成立する以前の自然状態において，各人はすでに生命・自由などのB自然法上の権利をもっており，社会契約によって社会（国家）を組織し，政府の存在を認めることで，それらの権利を保障するとした。（　③　）は，国家の主権は人民にあり，主権はC公共の利益をめざす人民の総意に基づいて行使されると主張した。

□(1)　①～③にあてはまる哲学者・思想家を選び，それぞれ記号で答えよ。

　　ア　ルソー　　イ　ホッブズ　　ウ　モンテスキュー　　エ　ロック

□(2)　下線Aの状態は，「万人の万人に対する（　　　）」と表現された。（　　　）にあてはまる語句を答えよ。

□(3)　下線Bが示す権利を選び，記号で答えよ。

　　ア　社会権　　イ　抵抗権（革命権）　　ウ　自然権　　エ　参政権

□(4)　下線Cが示す語句を選び，記号で答えよ。

　　ア　一般意志　　イ　天賦人権　　ウ　公共の福祉　　エ　人民主権

6　次の文を読んで，あとの各問いに答えよ。

　A近代民主政治において，国民は主権者ではあるが，多くの国では，B国民が選挙によって選定した代表者から成る議会が政治の運営を行うしくみがとられてきた。一方で，C少数の代表者が権力を濫用し，国民の権利を侵害する危険性を防ぐために，権力を複数の機関に分散させ，相互に（　　　）と均衡をはかる工夫がなされている。

□(1)　下線Aの成立過程において，18世紀のフランスで発表されたものを選び，記号で答えよ。

　　ア　独立宣言　　イ　権利章典　　ウ　人権宣言　　エ　権利請願

□(2)　下線Aについて，支配者といえども法に従わなければならないとする原則を何というか。

□(3)　下線Bの政治の形態を何というか。

□(4)　下線Cの主張を『法の精神』において唱えた思想家は誰か。

□(5)　（　　　）にあてはまる語句を答えよ。

　📖ガイド　(2) ブラクトンやエドワード・コークによって主張された。

2 世界のおもな政治体制

テストに出る重要ポイント ★

▶ 民主政治の形態

① **多極共存型民主主義**…意見の調整を重視(**スイス**など)。

② **多数者支配型民主主義**…多数党が強い力をもつ政治(**イギリス**など)。

③ **大衆民主主義**…大衆が政治の主役となる→**ファシズム**を生んだ過去。

④ **政党政治**…複数の政党が政権獲得を競い合い，国会の運営も政党を中心として行われる→**無党派層**の増加により信頼が揺らぐ。

▶ 議院内閣制・大統領制

① **議院内閣制**…内閣は議会の信任に基づいて組織される。**与党と野党**が対立。**イギリス**では二大政党制の下で政権交代。下院(庶民院)は内閣不信任決議を行い，内閣は下院を解散する権限をもつ。

② **大統領制**…国民から選出された大統領が議会から独立して行政権を行使。**アメリカ**では厳格な権力分立制。大統領は議会に対して拒否権をもち教書を送付。議会は法案再可決権などをもつ。連邦裁判所は違憲審査権を行使。

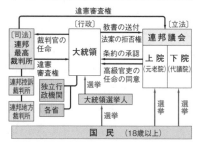

▶ 社会主義国の政治体制

① **社会主義国**…**ソ連・中国**などで共産党による一党独裁。ソ連は1980年代のペレストロイカで民主化・自由化が進むが，1991年に消滅，現在，ロシアは半大統領制，中国は民主的権力集中制を採用。

② **中国の政治機構**…**全国人民代表大会**(**全人代**)を最高の権力機関とし，その常設機関である**常務委員会**が法令を制定。全人代の下に行政担当の国務院と司法担当の最高人民法院を設置。香港・マカオに対し**一国二制度**を適用。

▶ 発展途上国の政治体制

① **開発独裁**…民主主義を制限して経済の開発に力を入れる。アジア・中南米の発展途上国で誕生→多くが民主化の過程で打倒される。

② **イスラーム諸国**…イラン革命以降，イスラーム主義が台頭。2010年からは北アフリカや西アジアで「**アラブの春**」とよばれる民主化運動が広がる。

基本問題 ・・・ 解答 ➡ 別冊 *p.3*

⑦ 民主政治の形態

<small>できたら
チェック</small>

次の各説明について，正しいものには○，誤っているものには×と答えよ。

☐ (1) 異なる意見の調整を重視する政治を，大衆民主主義という。

☐ (2) 選挙で議会の多数を占めた政党による強力な政治を，多数者支配型民主主義という。

☐ (3) ヒトラーやムッソリーニにより行われた独裁政治を，ファシズムという。

☐ (4) 複数の政党が政権獲得を競い合い，国会の運営も政党を中心として行われることを，立憲主義という。

⑧ 議院内閣制・大統領制 【テスト必出】

次の空欄にあてはまる語句を答えよ。

☐ (1) 権力分立の原理に基づき，内閣が議会の信任を経て存立し，（　　）して議会に対して責任を負う制度を，議院内閣制という。

☐ (2) イギリス議会では，上院(貴族院)と下院(庶民院)のうち（　　）優位の原則がとられている。

☐ (3) 複数の政党が連携することで内閣を組織することを，（　　）という。

☐ (4) アメリカでは，厳格な権力分立制に基づく（　　）制を採用している。

☐ (5) アメリカ大統領は，議会が可決した法案を受け入れられない場合，（　　）を発動することができる。

☐ (6) アメリカの裁判所は，議会が制定した法律が憲法に違反していないかどうかを判断する（　　）をもつ。

⑨ 社会主義国・発展途上国の政治体制

次の説明にあてはまる語句を答えよ。

☐ (1) 生産手段の社会的所有の下，民主的権力集中制を採用しているアジアの国。

☐ (2) 旧ソ連などの社会主義国で独裁政治を行った政党。

☐ (3) ソ連解体後のロシアでとられている，大統領と首相が並存する制度。

☐ (4) 中国で，国家の最高権力機関とされている全国人民代表大会の下におかれた行政担当の執行機関。

☐ (5) 中南米やアジアの発展途上国で1960年代後半に見られた，民主主義を制限して経済の開発に力を入れる体制。

☐ (6) 2010年からチュニジアやリビアなどで起こった民主化運動。

標準問題 ･････････････････････････････････ 解答 ➡ 別冊 *p.3*

10 ❮差がつく❯ 次のまとめ図を見て，あとの各問いに答えよ。

◆イギリスの政治体制

議会は上院（貴族院）と下院（庶民院）からなり，議会法によって（ ① ）優越の原則が確立している。内閣の長である首相は，形式的には国王によって任命されるが，**A事実上は**（ ① ）の多数党の党首が首相に選ばれている。内閣は議会に対して（ ② ）して責任を負い，議会の信任の上に成立している。

◆アメリカの政治体制

連邦議会は，**B上院と下院**の二院からなり，国民によって選ばれた大統領が行政権を行使する。大統領は議会に解散を命じたり，法案を提出することはできないが，議会に対して立法を求める（ ③ ）を送付する権限をもっている。両者の間には，権力分立による抑制・均衡の関係が成立している。

◆社会主義国の政治体制

社会主義国をリードしてきたソ連は1991年に解体し，従来の社会主義政治体制を維持しているのは，中国・キューバなど限られた国のみとなった。現在の**C中国**では，最高の国家権力機関である（ ④ ）にすべての権力が集中し，その下に，内閣にあたる国務院と，裁判所にあたる最高人民法院が設けられている。

◆発展途上国の政治体制

中南米やアジアの発展途上国では，政治の不安定さから民主政治を進めるのには大きな困難がつきまとい，内乱に発展する場合がある。そこで，経済開発を最優先に進めるという名目で議会制民主主義を制限した（ ⑤ ）といわれる体制がとられた。1980年代以降は，中産階級の台頭にともない，こうした体制が打倒されていった。

（チェックできたら）

□ (1) ①～⑤にあてはまる語句を選び，それぞれ記号で答えよ。
ア　全国人民代表大会（全人代）　イ　上院　ウ　開発独裁　エ　下院
オ　教書　カ　協調　キ　マニフェスト　ク　絶対王政　ケ　連帯

□ (2) 下線Aのしくみを何というか。

□ (3) 下線Bのうち上院はもっているが，下院にはない権限を選び，記号で答えよ。
ア　大統領に対する不信任議決権　イ　違憲審査権
ウ　条約締結についての大統領に対する承認権

□ (4) 1997年に下線Cの国へ返還された地域において，50年間は一国二制度が維持されることとなったが，近年は自治が押さえこまれたため反政府活動が活発になっている。この地域を何というか。

📖ガイド　(1)① 日本の衆議院の参議院に対する優越と対比して理解する。

3 日本国憲法の制定

● 大日本帝国憲法（明治憲法）

① **制定**…明治時代の自由民権運動を経て，憲法に基づいて政治を行う立憲主義が実現。1889年，君主主権の強いプロイセン憲法を模範にし，天皇が定める欽定憲法として発布。

② **特色**…臣民の権利が「法律ノ範囲内」で認められる（法律の留保）。立法・行政・司法権は統治権の総攬者である天皇の名の下で行使される。陸海軍の統帥権は天皇大権に含まれ，議会や内閣は関与できない（統帥権の独立）。

③ **大正時代の政治**…大正デモクラシーの中，政党政治が行われる。成年男子の普通選挙制が実現するが，治安維持法の制定により言論の弾圧が行われる。

● 日本国憲法の制定

① **ポツダム宣言の受諾**…軍国主義の除去，民主主義の復活・強化，基本的人権の尊重，平和的・民主的政府の樹立など，戦後日本の政治の指針を示す。

② **憲法改正作業**…憲法問題調査委員会が憲法改正案（**松本案**）を作成
→連合国軍総司令部（GHQ）がこれを拒否し，マッカーサー草案を示す
→新たな政府案が作成され，帝国議会で審議・修正を経て可決
→日本国憲法として1946年11月3日に公布，翌年5月3日に施行
（主権者である国民みずからが制定した民定憲法）。

● 日本国憲法の基本原理

① **国民主権**…主権者は**国民**であり，天皇は「日本国及び日本国民統合の象徴」（第1条）とされる。天皇は国政に関する権能をもたず，国事行為のみを行う。

② **基本的人権の尊重**…自然権の思想を採用し，「**侵すことのできない永久の権利**」として，**平等権・自由権・社会権**などを規定。

③ **平和主義**…**恒久平和主義**，戦争の放棄，戦力の不保持，交戦権の否認（前文・第9条に規定）。

④ **憲法の最高法規性**…憲法は国の最高法規であり，天皇・国務大臣・国会議員・裁判官など公の地位にある者は憲法尊重擁護義務を負う。

⑤ **憲法改正**…厳しい改正手続きをもつ硬性憲法。2007年には国民投票法を制定し，**憲法審査会**を設置。
各議院の総議員の3分の2以上の賛成で国会が改正を発議（第96条1項）
→国民投票で**過半数**の賛成→天皇が国民の名で公布。

基本問題 ·· 解答 ➡ 別冊 *p.3*

⑪ 大日本帝国憲法と日本国憲法

次の文章は，大日本帝国憲法（明治憲法）と日本国憲法の特定の事項に関して要
約し，それらを比較・対照したものである。これを読んで，空欄にあてはまる語
句を漢字で答えよ。

□(1)　明治憲法は，天皇を国の統治権の総攬者であると規定し，神聖不可侵とみな
した。日本国憲法は，天皇を日本国および日本国民統合の象徴とみなし，それ
にふさわしい国事行為のみを認めた。国事行為は 　①　 書の認証や外国大使の
　②　 など，形式的・儀礼的なものに限られる。

□(2)　明治憲法における 　③　 権は，軍隊の指揮 　④　 権を定めたもので，陸軍と
海軍の総長が閣議を経ずに直接，天皇に上奏できる権限をふくむ。日本国憲法
は，第9条によって戦争の放棄・戦力の不保持を宣言している。

□(3)　明治憲法は内閣を天皇の輔弼機関としたが，その規定は不明確であり，天皇
の最高諮問機関である 　⑤　 にしばしばその実権を奪われた。日本国憲法は，
内閣を国の最高の行政機関として認め，絶対主義的政治の根絶をはかった。

□(4)　明治憲法においては，司法権が 　⑥　 に与えられ，「　⑥　ノ名ニ於テ」民
事裁判と刑事裁判が行われた。日本国憲法では，司法権が最高裁判所と下級裁
判所にゆだねられ，　⑦　 裁判所は廃止された。裁判官は，良心にしたがって
独立して職権を行使し，憲法と 　⑧　 にのみ拘束される。

□(5)　明治憲法には，多くの大権事項があり，これについて行使された勅令は，議
会の権限を減殺させた。日本国憲法は，国会を 　⑨　 の最高機関と規定する。

📖ガイド　(4) 明治憲法の下では，皇室裁判所や軍法会議などの裁判所が存在した。

□ ⑫ 日本国憲法の理念

次の文のうち，日本国憲法前文の趣旨として正しいものを2つ選び，記号で答
えよ。

ア　日本国民は，恒久の平和を念願する。

イ　日本国民は平和を維持し，社会主義を地上から永遠に除去しようと努めてい
る国際社会において，名誉ある地位を占めたいと思う。

ウ　日本国民は，平和を愛する諸国民の公正と信義を信頼する。

エ　他国と対等関係に立つためには，他国を無視して自国のことに専念すべきで
ある。

13 日本国憲法の基本原理 ◀テスト必出

次の文中の〔 〕から正しい語句を選べ。

□ (1) 日本国憲法の基本原理のうち，国民が国の政治のあり方を最終的に決める力
をもっているとする原理を〔平和主義 国民主権〕という。

□ (2) 天皇は〔国会 内閣〕の助言と承認によって，国事行為のみを行う。

□ (3) 日本国憲法では，「侵すことのできない〔永久 普遍〕の権利」として，平
等権・自由権・社会権などの基本的人権が保障されている。

□ (4) 日本国憲法第9条に，戦争の放棄，戦力の不保持，〔自衛権 交戦権〕の否
認が規定されている。

□ (5) 憲法は国の〔最高法規 普通法〕であり，天皇・国務大臣・国会議員など
公の地位にある者は憲法を尊重し，擁護する義務を負う。

□ (6) 憲法の改正には，国会の各議院の総議員の〔過半数 3分の2以上〕の賛成
で国会が発議し，〔国民審査 国民投票〕で過半数の賛成が必要である。

標準問題 ●●●●●●●●●●●●●●●●●●●●●●●● 解答 ➡ 別冊 *p.4*

14 次の文を読んで，あとの各問いに答えよ。

明治維新を経て，近代国家への道を歩み始めた日本では，国会開設と憲法制定
を求める（ ① ）運動が展開された。明治政府はこの運動を弾圧しながらも，国会
開設に備えて，1889年にA プロイセン憲法を模範にした大日本帝国憲法(明治憲
法)を制定した。この憲法は，天皇が制定して国民に与えた（ ② ）憲法として，
天皇主権の原理に立ったものであった。天皇は立法・行政・司法などのいっさい
の統治権を（ ③ ）し，陸海軍の統帥権，宣戦布告，条約締結などは，天皇（ ④ ）
とされた。また，B 国民の人権は「臣民の権利」として，（ ⑤ ）の範囲内で認め
られたにすぎなかった。

〔できたらチェック〕

□ (1) ①～⑤にあてはまる語句を選び，それぞれ記号で答えよ。

ア 欽定 イ 象徴 ウ 民定 エ 大権 オ 自由民権

カ 法律 キ 総攬

□ (2) 下線Aについて，プロイセン憲法を参考とした理由を，簡単に答えよ。

□ (3) 下線Bについて，大日本帝国憲法の立憲主義の側面は，大正時代には政党勢
力の成長や民主主義思想の普及とともにさらに発展した。この民主主義的風潮
を，何というか。

📖 **ガイド** (2) プロイセン憲法は，1850年にドイツで制定された欽定憲法である。

15 次の文を読んで，あとの各問いに答えよ。

　（ ① ）宣言を受諾した日本は，連合国軍の占領下で新しい道を歩み始めた。連合国軍総司令部(GHQ)最高司令官の（ ② ）が，軍国主義の除去，（ ③ ）主義の復活・強化，基本的人権の尊重などを基本方針として，占領政策を進めた。大日本帝国憲法(明治憲法)の改正も求められたため，日本政府は憲法問題調査委員会を設置し，憲法改正案を作成したが，それは旧憲法の根本原則に変更を加えたものではなかった。そのため，GHQによりいわゆる（ ② ）草案が作成され，それをもとに政府は憲法改正案をまとめ，政府案として帝国議会に提出した。その案に修正が加えられて可決され，成立したものが日本国憲法である。

☐ (1) ①～③にあてはまる語句を選び，それぞれ記号で答えよ。

　　ア　マッカーサー　　イ　帝国　　ウ　トルーマン　　エ　民主

　　オ　ポツダム　　カ　ヤルタ

☐ (2) 下線部の「日本国憲法」が公布された年月日を，西暦で答えよ。

16 ◀差がつく　次の文を読んで，あとの各問いに答えよ。

　A日本国憲法は，第1条で「B天皇は，日本国の□□□であり日本国民統合の□□□であつて，この地位は，主権の存する日本国民の総意に基く」として，□□□天皇制を採用した。また，憲法の前文に「（ ① ）を愛する諸国民の公正と信義に信頼して，われらの安全と（ ② ）を保持しようと決意した」とし，さらに第9条で，具体的に戦争の（ ③ ），（ ④ ）の不保持，交戦権の否認を宣言した。この（ ① ）主義の原則は，日本国憲法を最も特色づけている基本原理だといえよう。人権保障においては，天賦人権の思想に基づき，20世紀的人権の1つである生存権の保障が加えられ，法の下の（ ⑤ ）が徹底された。

☐ (1) □□□に共通する語句を，漢字2字で答えよ。

☐ (2) ①～⑤にあてはまる語句を選び，それぞれ記号で答えよ。

　　ア　戦力　　イ　平和　　ウ　平等　　エ　生存　　オ　放棄　　カ　協和

☐ (3) 下線Aは，憲法改正の手続きの規定から見て，どのような性格の憲法であるといえるか。

☐ (4) 下線Bの天皇の権能として，あてはまらないものを選び，記号で答えよ。

　　ア　憲法に定める国事行為を行う。

　　イ　内閣の結んだ条約を承認する。

　　ウ　国会の指名に基づいて，内閣総理大臣を任命する。

　　エ　内閣の指名に基づいて，最高裁判所の長官を任命する。

4 基本的人権の保障

● **基本的人権の性格，国民の義務**
① **「侵すことのできない永久の権利」**(第11・97条)…個人の尊重と幸福追求権を基礎とする。公共の福祉による制約。
② **国民の義務**…子どもに普通教育を受けさせる義務，勤労の義務，納税の義務。
③ **国際的保障**…世界人権宣言，国際人権規約，NGO(**非政府組織**)の活動。

● **平等権**
① **平等権**…法の下の平等。選挙権の平等，**両性の平等**，教育の機会均等。
② **差別問題**…部落差別(→**部落差別解消推進法**の制定)，外国人差別，民族差別(→**アイヌ民族支援法**の制定)，ジェンダーの不平等(→**男女雇用機会均等法・男女共同参画社会基本法**の制定)，障害者差別(→**障害者差別解消法**の制定)。

● **自由権**
① **精神の自由**…思想・良心の自由，信教の自由(政教分離の原則と一体の関係)，集会・結社・表現の自由，検閲の禁止，学問の自由。
② **人身の自由**…奴隷的拘束・苦役からの自由，適正手続きの保障，罪刑法定主義，推定無罪の原則，**令状主義**，黙秘権，弁護人依頼権，一事不再理など。
③ **経済の自由**…居住・移転・職業選択の自由，財産権の保障。

● **社会権**
① **生存権**…健康で文化的な最低限度の生活の保障。プログラム規定説と法的権利説が対立。
② **教育を受ける権利**…義務教育の無償→**教育基本法**の制定。
③ **労働基本権**…勤労の権利，**労働三権**(団結権・団体交渉権・団体行動権〔争議権〕)。**労働三法**(労働基準法・労働組合法・労働関係調整法)の制定。

● **人権を実現するための権利**
① **参政権**…選挙権，公務員の選定・罷免権，普通選挙・平等選挙の保障，最高裁判所裁判官の国民審査，特別法の**住民投票**，憲法改正の国民投票。
② **請求権**…**裁判を受ける権利**，請願権，国家賠償請求権，刑事補償請求権。

● **新しい人権**
① **知る権利**…情報公開条例・情報公開法の制定。**特定秘密保護法**による制限。
② **プライバシーの権利**…個人情報保護法の制定。通信傍受法や**マイナンバー制度**によるプライバシー侵害の懸念。
③ **環境権**…環境影響評価(環境アセスメント)法の制定。
④ **自己決定権**…インフォームド・コンセントの確立。尊厳死の議論。

基本問題 ••••••••••••••••••••••••••••••• 解答 ➡ 別冊 *p.4*

17 基本的人権の性格，国民の義務 【テスト必出】

できたら
チェック

次の**各問いに答えよ。**

☐ (1)　次の空欄にあてはまる語句を，あとの〔　〕から選べ。

　　日本国憲法第26条は第1項で，「すべて国民は，法律の定めるところにより，その能力に応じて，ひとしく（　①　）を受ける権利を有する」と定めている。さらに，（　①　）を受ける権利の最低限度の保障として（　②　）教育の無償が定められ，教育の（　③　）均等をうたっている。これらの条文の規定を受け，教育目的等を定めた（　④　）や六・三・三・四制等を定めた学校教育法などが制定されている。

　　また，第27条は第1項で，「すべて国民は，（　⑤　）の権利を有し，義務を負ふ」とし，さらに第3項で，「児童は，これを酷使してはならない」と規定している。さらに第30条は，「国民は，法律の定めるところにより，（　⑥　）の義務を負ふ」と定めている。

〔　勤労　　機会　　生涯　　教育基本法　　教育　　納税　　義務　〕

☐ (2)　右の年表は，国際連合による人権保障の歩みである。a〜eにあてはまる語句を選び，それぞれ記号で答えよ。

ア　女子(女性)　　イ　独立

ウ　国際人権　　エ　子ども(児童)

オ　世界人権　　カ　難民　　キ　人種

1948年	（　a　）宣言
1965年	（　b　）差別撤廃条約
1966年	（　c　）規約
1979年	（　d　）差別撤廃条約
1989年	（　e　）の権利条約

📖 **ガイド**　(2)c・aを具体化し，法的拘束力をもたせたもの。

18 個人の尊重と平等権

次の文は，日本国憲法に定める基本的人権の規定である。下線部が正しいものには○を，誤っているものには×を答えよ。

☐ (1)　すべての国民は，<u>個人</u>として尊重される。

☐ (2)　生命，自由および幸福追求に対する国民の権利については，<u>公正と信義</u>に反しない限り，立法その他の国政の上で，最大の尊重を必要とする。

☐ (3)　すべての国民は，<u>政治道徳</u>の下に平等であって，人種，信条，性別，社会的身分などによって，政治的，経済的または社会的関係において，差別されない。

☐ (4)　すべての国民は，いかなる<u>奴隷的拘束</u>も受けない。また，犯罪による処罰の場合を除いては，その意に反する<u>苦役</u>に服せられない。

⑲ 自由権・社会権・人権を実現するための権利

次の文の空欄にあてはまる語句を答えよ。

□ (1)　集会，結社および言論，出版その他一切の（　　　）の自由を保障する。

□ (2)　すべての国民は，みずからの判断でみずからの従事する（　　　）を選択する自由を保障されている。

□ (3)　すべての国民は，（　　　）で文化的な最低限度の生活を営む権利を有する。

□ (4)　勤労者の（　　　）する権利，および団体交渉その他の団体行動をする権利は，これを保障する。

□ (5)　すべての刑事事件において，被告人は公平で公開された（　　　）を受ける権利を有する。

標準問題 ●●●●●●●●●●●●●●●●●●●●●●●●●●● 解答 ➡ 別冊 *p.5*

⑳ 次の文を読んで，あとの各問いに答えよ。

　大日本帝国憲法では，一部の国民に特権を与える（　①　）制度や男女の差別を当然とするなど，制度上の平等は実現されていなかった。これに対して，日本国憲法では個人の（　②　）やA法の下の平等を宣言している。具体的には，選挙権の平等や（　③　）の機会均等，家族生活における両性の本質的平等などを明記している。これらの平等権は，欧米の市民革命を経て実現されてきたものである。

　人権の中でも最も基本的なものは，国家による干渉を許さない自由権である。日本国憲法で定める自由権はB人身（身体）の自由，C精神の自由，D経済の自由に大別することができる。これら自由の権利は，国民の（　④　）の努力によって保持しなければならない。また，国民はこれを（　⑤　）してはならず，常に公共の福祉のために利用する責任を負っている。

□ (1)　①～⑤にあてはまる語句を選び，それぞれ記号で答えよ。

ア　女性　　イ　不断　　ウ　尊重

エ　婚姻　　オ　華族　　カ　教育

キ　濫用　　ク　世界　　ケ　両性

□ (2)　下線Aについて，このような憲法の規定にもかかわらず，現実には社会的不平等が存在している。このうち，職場における男女差別を解消するために，1985年に制定された法律を何というか。

□ (3)　下線B〜Dにあてはまるものを2つずつ選び，それぞれ記号で答えよ。

　　　ア　奴隷的拘束・苦役からの自由　　イ　学問の自由　　ウ　財産権の保障

　　　エ　居住・移転の自由　　オ　表現の自由　　カ　適正手続きの保障

　(4)　下線Bの保障のため，日本国憲法は被疑者や刑事被告人の権利を細かく規定
　　　している。次のⓐ〜ⓒにあてはまる原則および権利を，それぞれ何というか。

□　　ⓐ　有罪が確定するまでは，被告人は無罪と推定される。

□　　ⓑ　逮捕，押収は，裁判官が発行する令状がなければ行えない。

□　　ⓒ　被告人は法廷において不利益な供述を強制されない。

□ (5)　下線Cの1つに信教の自由がある。これに関して，国および地方公共団体が，
　　　宗教上の団体に対していかなる特権をも与えてはならないとする原則を何とい
　　　うか。

□ (6)　下線Dが制限される事例としてあてはまるものを選び，記号で答えよ。

　　　ア　不適切な出版物の発表禁止　　イ　残虐な刑罰の禁止

　　　ウ　都市計画による土地利用規制　　エ　公務員による争議行為の禁止

　　📖 ガイド　(3)　Cに関連して，日本国憲法が定めるものとしてはほかに，思想・良心の自由
　　　　　（第19条），信教の自由（第20条）などがある。

21　次の文を読んで，あとの各問いに答えよ。

　第一次世界大戦直後の1919年に制定された（　①　）憲法は，「すべての者に人間
たるに値する生活を保障する」として，生存権を初めて規定した。この権利を中
心とするA社会権は，国家による積極的な保障を要求する権利である。日本国憲
法は，「すべて国民は，健康で文化的な（　②　）の生活を営む権利を有する」とし
た上で，「国は，すべての生活部面について，社会福祉，（　③　）及び公衆衛生の
向上及び増進に努めなければならない」と規定している。しかし，最高裁判所は
この規定について，「B国民に対して国の責務や理念を宣言したものにすぎない」
という判断を示している。それだけに，生存権の保障を国家の責務としてどこま
で果たすべきなのかが大きな問題となる。

□ (1)　①〜③にあてはまる語句を選び，それぞれ記号で答えよ。

　　　ア　公共事業　　イ　合衆国　　ウ　社会保障　　エ　最低限度

　　　オ　ワイマール　　カ　最高基準

□ (2)　下線Aについて，日本国憲法は第25条で明記した権利のほかに，どのよう
　　　な権利を規定しているか，2種類答えよ。

□ (3)　下線Bの考え方を何というか。

　　📖 ガイド　(1)①　第一次世界大戦直後のドイツで制定された。

22 〈差がつく〉　次の文の下線部について，あとの各問いに答えよ。

　日本国憲法は，第15条で「公務員を選定し，及びこれを罷免することは，国民固有の権利である」と述べ，国会議員（第43条），地方公共団体の長およびその議員（第93条）を選挙することなど，A国民が政治に参加する権利を保障している。また，選挙とは異なる方法で国民の意思を政治に反映させるための権利として，B個人が国家や自治体に要求・要望する権利を有すると述べている。さらに，C不当に自己の利益や権利を侵害されたり，損害を与えられたときには，人権を確保するために国家や自治体に政治的措置を求める権利を保障している。

(1)　下線Aのうち，直接民主制的な権利について，次の①～③にあてはまる語句を，それぞれ漢字4字で答えよ。

□　①　最高裁判所の裁判官の（　　　）　　□　②　特別法制定の（　　　）

□　③　憲法改正の（　　　）

□ (2)　下線Bの権利を，何というか。

(3)　下線Cについて，次の①～③の場合に憲法が保障する権利は何か，それぞれ答えよ。

□　①　公務員が，故意または過失によって，他人の権利を犯し損害を与える行為（不法行為）をしたとき。

□　②　抑留または拘禁されたのちに，無罪の裁判を受けたとき。

□　③　権利や自由が侵害されたとして，裁判による救済を求めて訴えるとき。

23　次の文を読んで，あとの各問いに答えよ。

　現代においては，社会の急激な変化にともない，憲法に明文化されていない，新しい人権の保障の動きが強まっている。それは，A知る権利，Bプライバシーの権利，C環境権などに代表される。

□ (1)　下線A～Cの権利の根拠となる日本国憲法上の規定は何か。Aは1つ，B・Cは2つずつ選び，それぞれ記号で答えよ（重複してもよい）。

　　ア　生存権　　　イ　表現の自由　　　ウ　通信の秘密

　　エ　生命・自由および幸福追求の権利

□ (2)　個人の人格的尊厳を守るために不可欠の権利として主張されるものを下線A～Cから選び，記号で答えよ。

(3)　次の①・②は，下線A～Cのどの権利を保障するために整備されたか，それぞれ記号で答えよ。

□　①　環境影響評価法　　　　　　　□　②　個人情報保護法

5 平和主義

● 平和主義

① 平和主義…平和的生存権の考えに基づき，憲法の前文で恒久の平和を念願。**第9条**で戦争の放棄・戦力の不保持・交戦権の否認を規定。

② 非核三原則…核兵器を**「もたず，つくらず，もちこませず」**とする政府の基本方針。武器輸出に関しては**防衛装備移転三原則**。

● 自衛隊

① **自衛隊の創設**…朝鮮戦争が勃発(1950年)→GHQの指令で警察予備隊を創設(1950年)→保安隊に改組(1952年)→自衛隊が発足(1954年)→防衛力整備計画により増強。

② **憲法論争**…憲法は個別的自衛権を否定せず，自衛隊も「戦力」ではなく「自衛のための必要最小限度の実力」として必要→政府は専守防衛を基本方針。

③ **文民統制(シビリアン・コントロール)**…自衛隊は文民(軍人でない人)で構成される内閣により統制され，内閣総理大臣が国家安全保障会議を主宰。

● 日米安保体制

① 日米安全保障条約…**サンフランシスコ平和条約**(1951年)と同時に調印。米軍の駐留継続と基地提供を規定→日米相互協力及び安全保障条約(新安保条約)として改定・強化(1960年)→日米地位協定に反して日本は「思いやり予算」を支出。

② 有事法制…日米防衛協力のための指針(旧ガイドライン)(1978年)→「周辺事態」に対応し，新ガイドラインの日米合意(1997年)→**ガイドライン関連法**が成立(1999年)。アメリカ同時多発テロ事件を機にテロ対策特別措置法(2001年)→イラク戦争を機にイラク復興支援特別措置法，武力攻撃事態法(2003年)→国民保護法，米軍行動円滑法など**有事法制関連7法**(2004年)。

③ 集団的自衛権…同盟国への武力攻撃に対しては武力をもって阻止する権利。一連の**安全保障関連法**の制定(2015年)により限定的に容認。

● 日本の国際貢献

① **国連の平和維持活動(PKO)への参加**…湾岸戦争(1991年)→日本の国際貢献のあり方が問題化→PKO協力法(**国際平和協力法**)(1992年)→自衛隊をカンボジアなどに派遣。

②「人間の安全保障」…食料・環境問題などの解決によって，個人の生活を保障する考え。国際社会において，日本の平和主義，国際協調主義が貢献。

基本問題 •• 解答 ➡ 別冊 *p.5*

できたらチェック◎

24 平和主義 ❮ テスト必出

次の空欄にあてはまる語句を答えよ。

☐ (1)　日本国憲法第9条は，（ ① ）の放棄，戦力の不保持と（ ② ）の否認を定める。

☐ (2)　核兵器を「もたず，つくらず，もちこませず」とする基本方針を（ ③ ）という。

25 日本の安保体制

次の説明にあてはまる語句を答えよ。

☐ (1)　日米安全保障条約を改定・強化して，1960年に締結された条約。

☐ (2)　「直接侵略及び間接侵略に対しわが国を防衛する」目的で，1954年につくられた組織。

☐ (3)　日本国憲法で認められている，自国に対する他国からの武力攻撃に対して防衛するために必要な武力を行使する権利。

☐ (4)　国防に関する重要事項を審議するため，内閣総理大臣が主宰する会議。

☐ (5)　テロ対策特別措置法制定のきっかけとなった2001年の事件。

標準問題 •• 解答 ➡ 別冊 *p.6*

26 次の文を読んで，あとの各問いに答えよ。

1950年，朝鮮戦争がおこると，連合国軍総司令部の指令に基づいて（ ① ）が創設された。それは当初，国内の治安を守るために組織されたのであり，日本国憲法第9条に示される（ ② ）ではないとされた。しかし，その後保安隊に改組し，さらに自衛隊が発足し，以後増強を重ねてきた。

1951年には，サンフランシスコ平和条約の調印と同時に，アメリカとの間に（ ③ ）が締結され，占領終了後も**A**アメリカ軍が日本に駐留することなどが明記された。この条約は，強い反対運動がくり広げられる中で，1960年に日本の軍事的役割を強めた日米相互協力及び安全保障条約（新安保条約）として改定・強化された。ここで新たに日米の共同防衛義務が盛りこまれ，極東地域において**B**アメリカ軍が戦争を行うと，日本がまきこまれる危険性があると指摘されてきた。近年も，自衛隊の防衛力の上限や（ ④ ）（シビリアン・コントロール）のあり方，**C**米軍基地をめぐる問題など，日本の防衛をめぐる論議が繰り返されている。

□ (1)　①～④にあてはまる語句を選び，それぞれ記号で答えよ。

　　ア　日米安全保障条約　　イ　警察予備隊　　ウ　軍隊

　　エ　文民統制　　オ　日米修好通商条約　　カ　戦力

□ (2)　下線Aについて，日本国内の米軍の行動について定めた協定を何というか。

□ (3)　下線Bについて，同盟国への武力攻撃に対しては武力をもって阻止することができるとする権利を何というか。また，2014年の閣議決定を経て整備された，この権利の行使やアメリカ軍に対する後方支援の拡大などを定めた一連の法律を何というか。

□ (4)　下線Cについて，現在，在日米軍施設・区域のうち約70％が集中している県名を答えよ。

27　◀差がつく　次の文を読んで，あとの各問いに答えよ。

　自衛隊の統制のしくみは，いわゆる専守防衛の考え方に基づき，自衛隊法，防衛庁設置法などにより整えられている。1978年の「A日米防衛協力のための指針」以後，日米間の軍事協力体制はいちだんと強化されてきたとされるが，日本の軍事大国化への歯止めとして，核兵器を「（　①　）」とする非核三原則や，防衛関係費の上限の目処などが政府によって示されてきた。

　また，1992年には，国連を中心とした国際平和に寄与することを目的とし，（　②　）が制定され，自衛隊員を国際平和協力隊員として海外に派遣することができるようになった。その後，2016年には（　②　）が改正され，自衛隊が武装勢力に襲われた要人の保護にあたる「駆けつけ警護」が可能となった。

□ (1)　①にあてはまる3つの原則，②にあてはまる語句を答えよ。

□ (2)　右の年表は，下線Aをはじめとする法制についてまとめたものである。③～⑤にあてはまる語句をカタカナで答えよ。

□ (3)　年表中の法制は，日本周辺地域で日本の平和と安全に重大な影響を与える事態に対処して整備されてきた。このような事態を何というか。

□ (4)　年表中の下線Bにあてはまらないものを選び，記号で答えよ。

1978年	日米防衛協力のための指針（旧 ③ ）
1997年	新 ③
1999年	③ 関連法
2001年	④ 対策特別措置法
2003年	⑤ 復興支援特別措置法
2004年	有事法制関連7法
2015年	B安全保障関連法

　　ア　武力攻撃事態法　　イ　海賊対処法
　　ウ　重要影響事態法　　エ　国際平和支援法

📖ガイド　(1)② 1992年，この法律に基づいて，初めて自衛隊がカンボジアに海外派遣された。

6 国会

◉ **日本の政治機構**

① **議会制民主主義**(**代表民主制**, **間接民主制**)…直接民主制は不可能であるため, 選挙された国民の代表者が国会において権力を行使。

② **三権分立制**…日本国憲法では立法権・行政権・司法権の三権が, それぞれ**国会・内閣・裁判所**に帰属→相互の抑制と均衡。

◉ **国会の組織**

① **地位**…「国権の最高機関」であり, 「国の唯一の立法機関」(憲法第41条)。

② **組織**…衆議院と参議院の二院制(両院制)。原則として両院の議決の一致が必要→一致がない場合には両院協議会を開いて協議。

③ **衆議院の優越**…参議院より任期が短く, 解散もあるという理由による。法律案の議決, 予算の議決, 条約の承認, 内閣総理大臣の指名。

④ **衆議院特有の権限**…予算の先議, 内閣不信任決議。

⑤ **種類**…常会(通常国会。毎年1回, 1月に召集)・特別会(衆議院議員総選挙後30日以内に召集)・臨時会(内閣が必要と認めたときなどに召集)のほか, 参議院の緊急集会(衆議院解散中に内閣が召集)が開かれる。

⑥ **議案の審議**…各種の委員会(常任委員会・特別委員会)→本会議の順に議決。通常は出席議員の過半数で議決される。利害関係者や学識経験者の意見を聴く公聴会は, 予算と重要な歳入法案については必ず開催される。

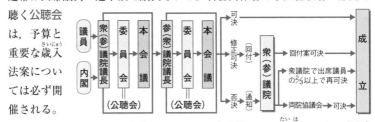

⑦ **国会議員の地位**…国から歳費を受ける。国会会期中には逮捕されない(**不逮捕特権**)。院内での発言などについて, 院外で責任を問われない(**免責特権**)。

◉ **国会の権限と課題**

① **権限**…法律の制定(立法権), 予算の議決, 条約の承認, 憲法改正の発議, 内閣総理大臣の指名, 衆議院の内閣不信任決議, 国政調査権, 弾劾裁判所の設置など。

② **課題と対策**…不透明な国対政治。特定の利益集団と議員の結びつき。実質的審議時間不足など→大臣・副大臣による答弁(**国会審議活性化法**)。与野党の党首が直接討論を行う党首討論(クエスチョン・タイム)の導入など。

基本問題 ●●●●●●●●●●●●●●●●●●●●●●●●●●●●●●●●●●●● 解答 ➡ 別冊 *p.6*

㉘ 国会のしくみ　◀テスト必出

できたら
チェック○

次の説明にあてはまる語句を答えよ。

- □ (1)　三権のうち，国会が担っている権力。
- □ (2)　二院制のわが国において，衆議院とともに国会を構成する議院。
- □ (3)　国会における承認を必要とする，内閣が外国との間で締結した取り決め。
- □ (4)　衆議院だけが行うことができる，内閣の政治責任を問うための決議。
- □ (5)　国会が証人を出頭させて証言を求めるなどして，国政に関する事項を調査する権限。
- □ (6)　国会に設けられる，罷免の訴追を受けた裁判官を裁く裁判所。
- □ (7)　国会議員がもつ，院内での発言や表決について院外で責任を問われない特権。

標準問題 ●●●●●●●●●●●●●●●●●●●●●●●●●●●●●●●●●●●● 解答 ➡ 別冊 *p.6*

㉙　◀差がつく　次の文を読んで，あとの各問いに答えよ。

　日本国憲法は「**A国会は，国権の最高機関であつて，国の唯一の立法機関である**」と位置づけている。すなわち（　①　）民主主義の制度に基づく，国民の（　②　）によって構成される国会は，国政の最も重要な機関として**B広範囲にわたる権限**を有するとされる。国会は，「**C衆議院及び参議院の両議院でこれを構成する**」としているが，両院の間には，任期・選挙区・被選挙権の年齢資格・解散の有無などに差異があり，衆議院の方がより民意が反映されやすいしくみとなっている。法律は，両院で可決されて成立するのが原則であるが，**D両院の意見が不一致の場合**は，衆議院の議決をもって国会の議決とすることが認められている。

できたら
チェック○

- □ (1)　①・②にあてはまる語句を選び，それぞれ記号で答えよ。

　　ア　直接　　イ　子孫　　ウ　代表者　　エ　議会制
- □ (2)　下線Aの説明にあてはまる文を選び，記号で答えよ。

　　ア　国会で制定された法律によらなければ，国民の権利の制限や国民の義務を課せられない。

　　イ　国会で制定された法律でも，国民の権利を制限することができない。

　　ウ　国民の権利の制限や国民の義務の負担については，国会といえども法律として制定できない。

　　エ　他の国家機関からは，どのような関与も必要としないし，干渉されない。

□ (3)　下線Bの権限について，次のa・bにあてはまる語句をそれぞれ答えよ。

　　　国の一年度の収入と支出を規律する（　a　）と，年度末における収支である（　b　）は，国会の議決に基づいて行われなければならない。

□ (4)　下線Cの制度を何というか。

□ (5)　下線Dについて，次のc～fにあてはまる語句をそれぞれ答えよ。

　　　衆議院で可決し，参議院でこれと異なった議決をした法律案は，（　c　）で出席議員の（　d　）以上の多数で再び可決すれば，法律として成立する。この場合，法律の定めるところにより，（　e　）を開いて意見の一致をはかることもできる。また，参議院が，衆議院の可決した法律案を受け取ったあと，国会休会中の期間を除いて（　f　）日以内に議決しないときは，衆議院は，参議院がその法律案を否決したものとみなすことができる。この結果，衆議院で再可決するか，（　e　）を開くか，あるいは廃案にするなどの処置がとられる。

30　次の文を読んで，あとの各問いに答えよ。

　　国会の活動は，憲法のほか，国会法に基づいて行われる。憲法の規定する国会には，A常会・B臨時会・C特別会の3つの種類がある。また，衆議院の解散中には，参議院の（　①　）が開かれる場合がある。各議院の議案の審議は，少数の委員が参加するD委員会で専門的に審査されたあと，E国会議員全員で構成する（　②　）で審議・議決される。これらのF審議においては，最終的な意思決定が多数の意見に基づいて行われるのが原則である。

□ (1)　①・②にあてはまる語句をそれぞれ答えよ。

□ (2)　下線A～Cのうち，毎年1回，1月に召集され，会期を150日とする国会を選び，記号で答えよ。

□ (3)　下線Dにおいて，問題になっている議案に関心をもつ人々や専門的な知識をもつ人々の意見を聞く機会を設けることがあるが，それを何というか。

□ (4)　下線Eについて，国会議員には不逮捕特権が認められているが，それはどのような特権か。あてはまらないものを次から選んで，記号で答えよ。

　　ア　法律の定めた場合を除いて，国会の会期中は逮捕されない。

　　イ　いかなる理由においても，会期中は逮捕されない。

　　ウ　議院が許可を与えた場合は，会期中であっても逮捕される。

□ (5)　下線Fについて，今までは政党間の国会対策委員の間の折衝で法案をめぐる駆け引きが行われ，国会審議の活性化を妨げてきた。この政治を何というか。

📖 ガイド　(5) 本会議の議事の形骸化をもたらしてきた。

7 内閣

★テストに出る重要ポイント

● 内閣の組織

① **内閣と国会**…内閣は，国会の信任に基づいて成り立つ（議院内閣制）。衆議院が内閣不信任決議→総辞職か衆議院の解散を選択（憲法第69条）。天皇の国事行為による「**7条解散**」もある。

② **組織**…**首長**である**内閣総理大臣（首相）**と国務大臣とで構成（全員が文民）。内閣に任免される副大臣・大臣政務官が大臣を補佐。

③ **内閣総理大臣**…閣議を主宰。国務大臣の任免，行政各部の指揮監督，自衛隊の出動命令，緊急事態の布告などを行う。

④ **権限**…**行政権**をもつ。法律の執行，外交関係の処理，条約の締結，予算の作成と国会への提出，政令の制定，天皇の国事行為への助言と承認，最高裁判所長官の指名，その他の裁判官の任命など。

● 行政のしくみ

① **行政機構**…府・省・庁・委員会などの機関に多くの公務員が勤務。内閣から独立した機関として各種の行政委員会もおかれている。2001年に省庁再編が実施されたが，縦割り行政解消のためその後さまざまな庁を新設。

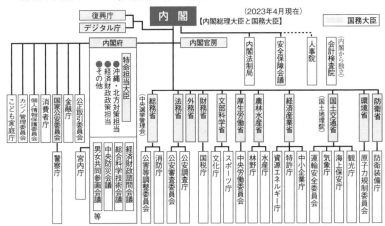

② **行政権の優位**…行政部に命令・規則の制定がゆだねられる**委任立法**が進み，行政機構が肥大化（行政国家）。官僚制（ビューロクラシー）が発達し，行政指導や規制により官僚の権限強化→「**天下り**」や族議員の関与。

③ **行政改革**…官僚による支配を改め，公務員の規律を正すため，行政手続法，情報公開法，国家公務員倫理法などを制定。

基本問題 ·· 解答 ➡ 別冊 *p.7*

できたら
チェック **31** 内閣のしくみ　◀テスト必出

次の文中の〔　〕から正しい語句を選べ。

□ (1) 内閣の首長である内閣総理大臣は，〔衆議院議員　国会議員〕の中から国会の議決で指名される。

□ (2) 天皇の国事行為として行われる〔衆議院の解散　内閣の総辞職〕は，憲法第7条に基づき実質的には内閣が決定する。

□ (3) 内閣総理大臣と国務大臣全員が出席して開かれる〔本会議　閣議〕によって，政府の方針が決定される。

□ (4) 内閣は，行政を行うために法律の範囲内で〔政令　条例〕を制定する。

□ (5) 中央省庁等改革基本法で，2001年に〔省庁再編　委任立法〕が行われた。

□ (6) 官僚機構は，〔弾劾裁判　行政指導〕や規制などによって，民間企業や地方公共団体に対する統制を行ってきた。

□ (7) 公務員の規律を正すため，〔個人情報保護法　国家公務員倫理法〕が制定された。

📖 **ガイド** (6) 事業者などに対して，特定の行為を行わないよう(または行うよう)求めること。

標準問題 ·· 解答 ➡ 別冊 *p.7*

32 次の文を読んで，あとの各問いに答えよ。

　わが国では，国の(①)権はA内閣総理大臣とその他の国務大臣からなるB内閣に属するとし，(①)権の行使について，C国会に対して連帯して責任を負うという(②)のしくみを採用している。国の仕事は多数のD行政機関によって分担されているが，これらの機関は，いわゆるE行政委員会を例外として，内閣の決定した方針によって，制約を受けながら活動する。

できたら
チェック

□ (1) ①・②にあてはまる語句をそれぞれ答えよ。

□ (2) 下線Aについて，次の各問いに答えよ。

□ ⓐ 内閣総理大臣の権限としてあてはまらないものを選び，記号で答えよ。
　　ア　副大臣・大臣政務官の任命　　イ　裁判官の訴追
　　ウ　自衛隊の出動命令　　エ　緊急事態の布告

□ ⓑ 国務大臣を任命するためには，どのような要件が定められているか。「文民であること」以外の要件を答えよ。

□ (3)　下線Bの権限としてあてはまるものを2つ選び，記号で答えよ。

  ア　予算の作成　　イ　条約の承認（しょうにん）　　ウ　最高裁判所長官の任命

  エ　法律の制定　　オ　裁判官の任命　　カ　国政調査権の行使

□ (4)　下線Cについて，次の©・ⓓにあてはまる数字・語句をそれぞれ答えよ。

  衆議院が内閣不信任を決議した場合，内閣は（　©　）日以内に衆議院を解散しない限り，（　ⓓ　）しなければならない。

(5)　下線Dについて，次のⒺ〜ⓖの下におかれている庁を，あとのア〜カから選び，それぞれ記号で答えよ。

□　Ⓔ　経済産業省　　□　ⓕ　財務省　　□　ⓖ　国土交通省

  ア　気象庁　　イ　国税庁　　ウ　文化庁　　エ　金融庁（きんゆう）

  オ　中小企業庁　　カ　消防庁

□ (6)　下線Eについて，国家公安委員会や公正取引委員会を統括（とうかつ）している府・省・庁はどこか。

33　❮差がつく❯　次の文を読んで，あとの各問いに答えよ。

 A行政の仕事が増え，組織も拡大するにつれ，政策に統一性がなくなるとともに（　①　）機構が強い力をもつようになっていった。また，単独政権が長期間続いたため，（　①　）と政治家，財界がB癒着（ゆちゃく）する弊害（へいがい）が現れた。このため，近年は政府の組織を見直す（　②　）改革や，官主導社会の転換を促す（うなが）さまざまなC法整備が進められるようになった。

□ (1)　①・②にあてはまる語句をそれぞれ答えよ。

□ (2)　下線Aについて，法律の委任に基づいて（もと），立法府以外の機関が制定する法規のことを何というか。

(3)　下線Bについて，次のⓐ・ⓑにあてはまる語句をそれぞれ答えよ。

□　ⓐ　特定の分野で強い力を発揮（はっき）し，財界や官僚と結びついている国会議員。

□　ⓑ　国家公務員が，それまで在籍していた省庁と関係の深い企業へ再就職すること。

(4)　下線Cについて，次の©・ⓓの目的で制定された法律を，あとのア〜オから選び，それぞれ記号で答えよ。

□　©　行政指導の内容と責任者を明確化するため。

□　ⓓ　国民が国の行政をチェックできるようにするため。

  ア　行政手続法　　イ　環境影響評価法　　ウ　国家公務員倫理法

  エ　人権教育・啓発推進法（けいはつ）　　オ　情報公開法

8 裁判所

⊙ 司法権の独立

① **司法の役割**…「法の支配」を実現すること。

② **司法権の独立**…司法権が国会や内閣から干渉を受けないこと。明治時代の大津事件では，大審院院長の児島惟謙が司法権の独立を守った。

③ **裁判官の職権の独立**…「すべて裁判官は，その良心に従ひ独立してその職権を行ひ，この憲法及び法律にのみ拘束される」(憲法第76条3項)

④ **裁判官の身分保障**…憲法第78〜80条。裁判官の罷免は心身の故障・公の弾劾(弾劾裁判所)のみによる。最高裁判所裁判官には国民審査が行われる。

⑤ **規則制定権**…最高裁判所が裁判所の内部規律を決定。

⊙ 裁判のしくみ

① **法曹三者**…裁判にかかわる**裁判官・検察官・弁護士**。

② **裁判所の種類**…最高裁判所と下級裁判所(高等・地方・家庭・簡易裁判所)で構成。特別裁判所(軍法会議など)は設置禁止。

③ **民事裁判**…私法に関する紛争について，原告が被告を訴える。和解・調停による解決もある。

④ **刑事裁判**…検察官が犯罪の疑いのある被疑者を被告人として起訴。「疑わしきは被告人の利益に」を原則として審理。

⑤ **三審制**…控訴・上告により3回まで裁判が受けられる。確定判

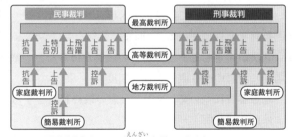

決に対して再審を求める**再審制度**もある(冤罪事件の防止)。

⑥ **違憲審査権**…すべての裁判所がもつ，一切の法律・命令・規則・処分が憲法に適合するか否かを判断する権限(具体的な事例が必要)。**最高裁判所**は違憲・合憲の最終判断をするため「**憲法の番人**」とよばれる。高度な政治的判断を要する事柄は違憲審査の対象外(統治行為論)。

⊙ 国民と司法

① **国民の司法参加**…刑事裁判に裁判員制度，検察審査会による起訴議決制度。

② **司法制度改革**…日本司法支援センター(法テラス)，法科大学院(ロースクール)の設置。**被害者参加制度**。取り調べの可視化。

基本問題 .... 解答 ➡ 別冊 *p.8*

34 司法権の独立

次の各説明について，正しいものには○，誤っているものには×と答えよ。

- □ (1)　「法の支配」を実現することが，司法の役割である。
- □ (2)　内閣が裁判官の任命を行うことは，司法権の独立に反している。
- □ (3)　裁判所のみに司法権を与えるために，憲法は特別裁判所を禁止している。
- □ (4)　衆議院議員選挙の際に，国民の投票により最高裁判所裁判官の適否を判断することを国民投票という。
- □ (5)　最高裁判所だけでなく，下級裁判所も規則制定権をもっている。

35 裁判のしくみ　◀ テスト必出

次の説明にあてはまる語句を答えよ。

- □ (1)　最高裁判所に対する，それ以外の裁判所のよび名。
- □ (2)　貸したお金を返してもらえないなど，私人の間の争いについての裁判。
- □ (3)　(2)の裁判において，裁判所に訴えをおこした者。
- □ (4)　他人の物を盗んだりする犯罪行為について，有罪か無罪かを決定する裁判。
- □ (5)　(4)の裁判において，罪を犯した疑いのある者(被疑者)を裁判所へ起訴する者。
- □ (6)　(4)の裁判において，裁判所へ起訴された者。
- □ (7)　控訴・上告によって，3回まで裁判を受けられるしくみ。
- □ (8)　判決が確定したあと，新しい証拠が出るなど，裁判の重大な誤りが疑われる場合に裁判のやり直しを行う制度。
- □ (9)　違憲審査について，違憲・合憲の最終判断をすることから「憲法の番人」とよばれる裁判所。

36 国民と司法

次の空欄にあてはまる語句を答えよ。

- □ (1)　憲法第32条において，国民は(　　　)を受ける権利を保障されている。
- □ (2)　憲法第82条において，裁判は(　　　)されなければならないとされている。
- □ (3)　国民の常識とかけ離れた判決が見られるなどの批判を受けて，(　　　)改革が進められてきた。
- □ (4)　法律による紛争解決に必要な情報やサービスを提供するため，日本司法支援センター，通称(　　　)が設置された。

標準問題 •• 解答 ➡ 別冊 *p.8*

37 〈差がつく〉 次の文を読んで，あとの各問いに答えよ。

　日本国憲法では，司法権は最高裁判所および**A**下級裁判所に属すると定められ
ている。このことは，裁判所は**B**国会や内閣などいかなる他の国家権力からも干
渉を受けないことを意味している。また，裁判官はその（　①　）に従い独立してそ
の職権を行い，憲法と（　②　）にのみ拘束されるとして，裁判官の職権の独立を定
めている。また，「裁判の対審及び判決は，（　③　）法廷でこれを行う」として，
裁判を国民の監視下においている。同時に，**C**国民の人権を守るために，原則と
して3回まで裁判を受けることができる**D**三審制をとっている。

　なお，わが国の裁判所は（　④　）審査権をもつ。これは，法律・命令・処分など
の違憲性が問題となった場合に，**E**裁判所が憲法に適合するか否かを審査する制
度である。その最終的な判断を下す最高裁判所は，「憲法の（　⑤　）」とよばれる。

- □(1)　①～⑤にあてはまる語句を選び，それぞれ記号で答えよ。
 　　ア　公正　　イ　良心　　ウ　番人　　エ　法律　　オ　違憲
 　　カ　公開　　キ　権利　　ク　独立
- □(2)　下線**A**の説明としてあてはまるものを選び，記号で答えよ。
 　　ア　国民審査の対象とされる。　　イ　行政裁判所がふくまれる。
 　　ウ　軍法会議がふくまれる。　　エ　簡易裁判所がふくまれる。
- □(3)　裁判官の身分の保障について，心身の故障のため職務を執ることができなく
 　　なった場合と，下線**B**が開く（　　　）で罷免が決定された場合には，裁判官は罷
 　　免される。（　　　）にあてはまる語句を答えよ。
- (4)　下線**C**について，司法制度改革の一環として2009年に導入された裁判員制
 　　度に関する正しい説明を選び，記号で答えよ。
 　　ア　民事裁判で行われる。　　イ　陪審制に類似している。
 　　ウ　18歳以上の国民から裁判員が選ばれる。
 　　エ　量刑の判断は行わない。
- (5)　下線**D**の手続きについて，次の@・⑥の説明にあてはまる語句を答えよ。
- □　@　第一審の判決を不服として，さらに上級の裁判を求めること。
- □　⑥　第二審の判決を不服として，さらに上級の裁判を求めること。
- □(6)　下線**E**について，高度に政治的な行為に対しては裁判所は審査をすべきでは
 　　ないという考え方もある。この考え方を何というか。

　📖 **ガイド**　(4) 陪審制では陪審員が有罪・無罪を決定し，裁判官が量刑を決定する。

9 地方自治

● 地方自治の意義としくみ

① **地方自治の意義**…政治学者の**ブライス**などが「地方自治は民主主義の学校」と表現。日本国憲法の掲げる「地方自治の本旨（ほんし）」には，団体自治と住民自治の側面がある。ナショナル・ミニマムの実現をめざす。

② 地方公共団体（**地方自治体**）の活動…地方自治法で具体的に定める。**首長**と議会の二元（にげん）代表制。

③ **議決機関**…都道府県議会・市町村議会。議員は住民の**直接選挙**で選出。条例の制定・改廃（かいはい），予算の決定，決算の認定など。

④ **執行機関**…首長（知事・市町村長）は住民の**直接選挙**で選出。条例の執行，議案・予算の議会への提出，規則の制定。

⑤ 地方公共団体の事務…かつては国からの**機関委任事務**が中心→これを廃止（はいし）し，**自治事務**と**法定受託（じゅたく）事務**に整理。

⑥ **住民の権利**…直接請求権には，条例の制定・改廃請求（**イニシアティブ**），議会の解散請求（**リコール**），首長・議員の解職請求（**リコール**），地方公共団体への監査請求がある。特別法の制定など特定の問題に関する住民投票（**レファレンダム**）。

執行機関　不信任決議　予算や条例の決議　議事機関

都道府県知事／市町村長　首長

不信任決議→解散　議決に反対→再議請求　議決の遅れ→専決処分

地方議会　都道府県議会／市町村議会

任命　任命　選挙

副市町村長　副知事　地方行政委員会　議員

農業委員会　労働委員会　収用委員会　人事委員会　監査委員　教育委員会　公安委員会　選挙管理委員会

＊1　＊2　＊1　＊2　＊3　＊2

条例の制定や改廃の請求，解散請求

選挙　リコール　選挙　監査請求　リコール　選挙　リコール

住　民

＊1市町村のみ　＊2都道府県のみ　＊3公平委員会ともいう

● 地方自治の抱える問題

① **地方財政**…地方税など自主財源が少なく（「**三割自治**」），国からの地方交付税や経費の一部を負担する国庫支出金，地方債（ちほうさい）などの依存（いそん）財源が多い→「**三位一体（さんみいったい）の改革**」が進められた。**ふるさと納税**制度も実施（2008年）。

② **地方自治の確立**…中央集権を改め，地方分権一括法などによる**地方分権改革**。市町村合併（がっぺい）の推進。「**一村一品運動**」などの地域おこし。環境問題などに対する**住民運動**。

③ **住民参加**…オンブズマン制度。NPO法によるNPO（**非営利組織**）への支援。
（オンブズ・パーソン）

基本問題 •• 解答 ➡ 別冊 *p.8*

38 地方自治のしくみ ◀テスト必出

できたらチェック。

次の各説明について，正しいものには○，誤っているものには×と答えよ。

- □ (1) ブライスは，地方自治の意義を「民主主義の学校」であると表現した。
- □ (2) 地方公共団体の活動は，行政の全国的水準を維持するというナショナル・トラストの原則に基づいている。
- □ (3) 地方公共団体の首長と議会の関係は，議院内閣制に近い性質をもっている。
- □ (4) 地方公共団体は，法律の範囲内で政令を制定する。
- □ (5) 地方公共団体の行う事務のうち，国政選挙，戸籍事務など国が指示できる事務を法定受託事務という。
- □ (6) 地方公共団体独自のきまりの制定・改廃を，住民が請求することをレファレンダムという。
- □ (7) 特定の地方公共団体だけに適用される特別法などに関する住民投票を，イニシアティブという。
- □ (8) 地方交付税や国庫支出金，地方債は自主財源にふくまれる。
- □ (9) 平成時代に入ると，大規模な市町村合併が進められた。

標準問題 •• 解答 ➡ 別冊 *p.8*

39 ◀差がつく 次の文を読んで，あとの各問いに答えよ。

　日本国憲法で定められた地方自治の本旨とは，A国から独立した機関として設けられた地方公共団体が，自主的にその地域の政治を行うことと，Bその団体の運営に住民が参加し，自治が住民の意思に基づいて行われることとを意味する。この憲法の趣旨に沿って，具体的な地方自治の制度は（ ① ）という法律によって定められている。

　地方公共団体の機関としては，議決機関である地方議会と，（ ② ）機関である首長および各種のC委員会・委員がおかれている。議員と首長は，ともに住民の直接選挙で選ばれる。地方議会は首長に対する（ ③ ）決議権をもち，首長は議会の（ ④ ）権や，議会が議決した条例などの再議を求めることができる権利が認められている。また，地方自治のしくみには，直接民主制の原理がとり入れられている。すなわち，D条例の制定と改廃，議会の（ ④ ），E議員や首長などの解職，事務の（ ⑤ ）といった住民の直接請求権である。

□(1)　①～⑤にあてはまる語句を選び，それぞれ記号で答えよ。

　　ア　解散　　イ　執行　　ウ　国政調査　　エ　公職選挙法

　　オ　不信任　　カ　監査　　キ　地方自治法

□(2)　下線A・Bで示した側面を何というか，それぞれ漢字4字で答えよ。

□(3)　下線Cについて，市町村のみにおかれているものを選び，記号で答えよ。

　　ア　教育委員会　　イ　公安委員会　　ウ　労働委員会　　エ　農業委員会

□(4)　下線Dに必要な有権者の署名数を選び，記号で答えよ。

　　ア　50分の1以上　　イ　3分の1以上

　　ウ　過半数　　エ　3分の2以上

□(5)　下線Eの請求を，カタカナで何というか。

　📖ガイド　(5) 特定の問題について住民の意思を問う制度はレファレンダムという。

❹⓪　次の文を読んで，あとの各問いに答えよ。

　日本の地方自治は，中央政府との関係でさまざまな制約を抱えてきた。第一に，国から委任された**A機関委任事務**の比重が大きく，地方公共団体本来の事務処理が圧迫されてきた。第二に，**B地方税**などの自主財源が乏しいため，国から受ける（　①　）や国庫支出金に依存し，また，借金証書である（　②　）の発行には総務大臣の許可を要するなど，地方財政自主権が制約されてきた。第三に，都道府県では，人事面で中央省庁との結びつきが強く，中央の意向に左右されることが多かった。こうした諸問題を解決するため，（　③　）一括法の制定や「**C三位一体の改革**」などが進められてきた。

□(1)　①～③にあてはまる語句を選び，それぞれ記号で答えよ。

　　ア　中央集権　　イ　地方債　　ウ　地方交付税

　　エ　地方分権　　オ　印紙収入

□(2)　下線Aの事務は廃止され，現在は地方公共団体が固有の仕事として独自に処理できる事務が設けられている。この事務を何というか。

□(3)　右のグラフは，全地方公共団体の歳入の内訳を示している。下線Bにあてはまるものをア～エから選び，記号で答えよ。

□(4)　下線Cの内容としてあてはまるものを選び，記号で答えよ。

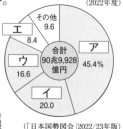

(2022年度)

その他 9.6
エ 8.4
ア 45.4%
合計 90兆9,928億円
ウ 16.6
イ 20.0

（「日本国勢図会」2022/23年版）

　　ア　公共事業の拡大　　イ　国から地方への税源の移譲

　　ウ　地方公共団体ごとの新税の創設　　エ　国庫支出金の廃止

10 政党政治と選挙

◉ **戦後日本の政治**

① **政党**…意見を同じくする人々が政策を綱領として掲げ，国民の支持を得て政権の獲得をめざす政治的集団。政権を担う**与党**，それ以外の**野党**。

② **政党政治**…複数の政党が政策実現を競い合う政治。名望家政党から大衆政党へ。二大政党制は**単独政権**，多党制は**連立政権**になりやすい。

③ **戦後政治**…保守合同で自由民主党（自民党）が誕生→保守（自民党）と革新（日本社会党・日本共産党など）の対立軸（**55年体制**）→自由民主党の**一党優位体制**→**中道政党**（民社党・公明党など）→革新自治体の誕生→**族議員**の誕生と派閥争いで**金権政治**が問題化（ロッキード事件・リクルート事件・佐川急便事件），**利益集団**（**圧力団体**）が政治腐敗の原因となる。

④ **55年体制の崩壊**…1993年に非自民の連立政権（細川内閣）が誕生→2001年より小泉内閣による構造改革→「ねじれ現象」により短命内閣が続く→政権交代の実現（2009年・民主党を中心とする連立政権，2012年・自民党を中心とする連立政権）。

◉ **日本の選挙制度**

① **選挙の原則**…普通選挙・平等選挙・直接選挙・秘密選挙（**秘密投票**）。

② **選挙制度**…小選挙区制・大選挙区制・比例代表制などがある。

③ **衆議院の選挙制度**…利益誘導政治につながる**中選挙区制**は1994年の公職選挙法の改正で廃止，**小選挙区比例代表並立制**へ。**重複立候補**を認可。

	特　色
大選挙区制	・死票が少ない ・小党乱立
中選挙区制	・政党内の派閥争いが発生
小選挙区制	・死票が多い ・二大政党制を実現
比例代表制 （ドント式で配分）	・死票が少ない ・小党乱立

④ **参議院の選挙制度**…2000年の公職選挙法改正から，都道府県単位を基本とする**選挙区制**と，全国を一選挙区とする**非拘束名簿式比例代表制**の併用。

⑤ **選挙制度の問題点**…金権選挙・腐敗選挙など→政治資金規正法の改正，政党助成法の制定（**政党交付金**を支給），連座制の強化，個人への**企業団体献金**の禁止，高齢者に有利な「**シルバーデモクラシー**」→**18歳選挙権**の実現，一票の格差（国政選挙における議員定数の不均衡が投票価値の平等原則に反する）。

⑥ **政治的無関心**…無党派層が急増し，投票率が低下→**不在者投票**や**期日前投票**の制度を整備。各政党が**マニフェスト**（政権公約）を公表し，政策目標を掲げる。インターネットによる選挙運動を解禁。

基本問題 ·· 解答 ➡ 別冊 *p.9*

41 戦後日本の政治

できたらチェック

次の説明にあてはまる語句を答えよ。

- □ (1) 議会で多数の議席を得るなどして，政権を握った政党。
- □ (2) 20世紀になって有力となった，一般大衆の支持をもとに成立する政党。
- □ (3) 1955年の保守合同で誕生し，以後40年近く一党優位体制を築いた政党。
- □ (4) 族議員の誕生と政権内の派閥争いで生じた，金の力で動かされる政治。
- □ (5) 高度経済成長のころに，自民党にも社会党にも不満をもつ人々に支持を広げた民社党・公明党などの政党。
- □ (6) 2001年に誕生した小泉内閣で進められた，郵政民営化，三位一体の改革，医療制度改革などからなる改革。

📖 **ガイド** (3) 岸・池田・鳩山・佐藤・田中・中曽根などの首相とその政策をおさえておく。

42 日本の選挙制度 ◀テスト必出

次の各問いに答えよ。

- □ (1) 有権者の投票の価値を平等に扱うとする選挙の原則を4字で何というか。
- □ (2) 有権者が誰に投票したか明らかにしないとする選挙の原則を何というか。
- □ (3) 国会議員の選挙のしくみをまとめた次の図中の①〜④にあてはまる数字と，⑤〜⑦にあてはまる語句を，あとのア〜クから選び，それぞれ記号で答えよ。

衆議院(小選挙区比例代表並立制) 定数465人		参議院 定数248人,3年ごとに定数の半分を改選	
⑤ ① 人	⑥(拘束名簿式) ② 人	選挙区 ③ 人(定数の半分)	⑥(非拘束名簿式) ④ 人(定数の半分)
・289選挙区(定数1人) ・選挙区ごとに ⑦ などが候補を立てる ・無所属も可	・全国11ブロック ・政党がブロックごとに順位つきの名簿を提出 ・小選挙区との重複立候補可	・45選挙区(定数1〜6人) ・選挙区ごとに ⑦ などが候補を立てる ・無所属も可	・全国1区 ・政党が順位なしの名簿を提出 ・選挙区との重複立候補不可
↓候補者名を記入	↓政党名を記入	↓候補者名を記入	↓候補者名か政党名を記入

ア 50　イ 74　ウ 176　エ 289
オ 大選挙区　カ 比例代表　キ 政党　ク 小選挙区

- □ (4) 国政選挙における議員定数の不均衡が，投票価値の平等原則に反している問題を何というか。
- □ (5) 各政党が，政権を担当した場合に実施する政策とその財源，目標達成の期限などを明記した公約を何というか。

標準問題 •• 解答 ➡ 別冊 *p.9*

43 次の文を読んで，あとの各問いに答えよ。

　現代の政治は，政党が中心となって行われているので，（　①　）といわれている。第二次世界大戦直後の日本では多数の政党が生まれ，離合集散を繰り返した。しかし，1955年の日本社会党の再統一と保守合同による自由民主党の結成により，（　②　）とよばれる一党優位体制が形成された。1960年代からは再びA多党化の傾向が見られるようになったものの，自民党の長期政権が続き，政界・官界・財界との癒着(ゆちゃく)構造が生まれ，B政治腐敗(ふはい)事件が国民の批判を浴びた。その後，1993年の衆議院議員総選挙で自民党が過半数を獲得できず，非自民の細川(ほそかわ)内閣が成立した。これ以降，C複数の政党が連携(れんけい)する（　③　）政権の時代となった。

　わが国の政党は，一般に党員数が少なく，活動資金が不足しがちである。まず，政党が選挙民と密着していないため，選挙運動を党員が主体となって運営することができず，D各種の業界・団体などの外部組織に依存(いそん)している。さらに，政治資金の大部分がこれらの組織に支えられるので，その収支は明確化されにくい。このような弊害(へいがい)を是正(ぜせい)するために政治改革が行われ，（　④　）の改正で政治資金の透明化(とうめい)がはかられ，（　⑤　）の制定で政党は税金から資金を得られるようになった。

□ (1)　①〜⑤にあてはまる語句を選び，それぞれ記号で答えよ。
　　ア　連立　　イ　藩閥政治(はんばつ)　　ウ　政党助成法　　エ　政党政治
　　オ　新保守主義　　カ　単独　　キ　55年体制　　ク　政治資金規正法

□ (2)　下線Aについて，このころ中道政党とよばれた政党を選び，記号で答えよ。
　　ア　自由党　　イ　立憲改進党　　ウ　日本共産党　　エ　民社党

(3)　下線Bについて，次の@・bの事件名を，あとのア〜オから選び，それぞれ記号で答えよ。
□ 　@　アメリカの航空機会社の航空機売り込みに関する贈収賄(ぞうしゅうわい)事件。
□ 　b　情報関連企業が未公開株を政官界へ贈った事件。
　　ア　佐川急便事件　　イ　リクルート事件　　ウ　造船疑獄
　　エ　ロッキード事件　　オ　ゼネコン汚職(おしょく)事件

□ (4)　下線Cのうち，構造改革を掲げた内閣を選び，記号で答えよ。
　　ア　森内閣　　イ　村山内閣　　ウ　小泉(こいずみ)内閣　　エ　小渕(おぶち)内閣

□ (5)　下線Dのような，特定の利益を実現するために政治や行政にはたらきかける集団を何というか。

　📖 **ガイド**　(4) この内閣の退陣の後，短命内閣が続き，民主党による政権交代が実現した。

44　〈差がつく〉　次の文を読んで，あとの各問いに答えよ。

　議会制民主主義を採用している国にとって，選挙は国民の代表を選出する手段
としてきわめて重要である。その方法は国民の意見を正しく反映するものでなけ
ればならない。各国の選挙制度は，民主主義の発展とともに，制限選挙から（ ① ）
選挙へと変化してきた。一般に，選挙制度は大別してA小選挙区制と大選挙区制
に分けられる。また，各政党の得票数に比例して議席を配分するB比例代表制も
ある。わが国の衆議院では，長年，1つの選挙区から原則として3〜5名の議員
を選出するC中選挙区制を採用してきたが，1994年に政治改革の一環として小
選挙区制と比例代表制を組み合わせた小選挙区比例代表並立制が導入された。他
方，D参議院では全国を単位とする（ ② ）名簿式比例代表制と，都道府県を単位
とする選挙区制が採用されている。

　また，違法な資金集めやE票の買収などを防ぐため，政党助成法などの法律が
整備された。一方で，金を通じて政治家と特定の企業・団体が癒着しないように，
政治家個人に対する（ ③ ）は禁止された。公職選挙法も改正され，選挙運動の責
任者などが違反で有罪となれば候補者の当選も無効になる（ ④ ）制が導入された。

□(1)　①〜④にあてはまる語句を選び，それぞれ記号で答えよ。
　ア　拘束　　イ　秘密　　ウ　企業団体献金　　エ　普通　　オ　連座
　カ　非拘束　　キ　政党交付金　　ク　三審

□(2)　下線A〜Cの選挙制度の特色を選び，それぞ
　　れ記号で答えよ。
　　ア　政党内の派閥争いがおきやすい。
　　イ　死票が多く，二大政党制を実現しやすい。
　　ウ　死票が多く，小党が乱立しやすい。
　　エ　死票が少なく，小党が乱立しやすい。

資料1

選挙区	改正前	改正後
栃木県	4人	2人
群馬県	4人	2人
千葉県	4人	6人
東京都	8人	10人

□(3)　下線Dの議員定数は，2006年の公職選挙
　　法の改正により，**資料1**のように変更された。
　　議員定数を改正した目的を，2006年の有権
　　者数を示した**資料2**をもとに説明せよ。

資料2

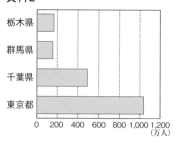

□(4)　下線Eについて，現在，公職選挙法などの
　　法律によって禁止されていない選挙活動を選
　　び，記号で答えよ。
　　ア　戸別訪問　　イ　飲食物の提供
　　ウ　インターネットを使った選挙活動　　エ　署名運動

11 世論と政治参加

● 民主政治と世論

① **世論**…公共の問題に対する人々の意見。これを数値化したものが世論調査であり，政治に対して強い影響力をもつ。健全な民主政治を運営するためには，正しい情報に基づいた世論が求められる。

② **世論の形成**…新聞・テレビ・ラジオ・雑誌などマスメディアによる情報が大きな影響をおよぼす。マスメディアによる大量かつ一方的な情報伝達をマスコミュニケーションという。

種　類	情報の伝達
テレビ	映像と音声で情報を伝える。速報性がある。個人の情報発信はできない。
ラジオ	音声だけで情報を伝える。速報性がある。個人の情報発信はできない。
電話	個人間の音声を双方向に伝える。
インターネット	文字・音声・映像が結合したネットワーク。双方向である。

③ **マスメディアの役割**…近年は「**第四の権力**」とでもいうべき過度な影響力が批判されることもあり，報道の中立性が求められる。2010年以降におこった「アラブの春」とよばれる民主化運動では，**ツイッターやフェイスブック**などの**SNS**をはじめとする**ソーシャル・メディア**が大きな役割を果たした。

④ **情報化の問題点**…権力者などが世論を意図的に操作すること。マスメディアの発達が，政府による統制・特定の勢力による**世論操作**を容易にする。SNSを通じて**フェイクニュース**(虚偽報道)が拡散。

⑤ **有権者の姿勢**…若い世代の政治的無関心の傾向。無党派層の増加。マスメディアから発信される情報を，さまざまな角度から批判的に読み取る能力(**メディア・リテラシー**)の必要性。

● 有権者の政治参加

① **市民運動**…環境・福祉などの分野で活発化。利益集団(**圧力団体**)の影響力は弱まり，**NPO**(**民間非営利組織**)や**NGO**(**非政府組織**)の活動が拡大→**NPO法**(**特定非営利活動促進法**)が成立。

② **住民運動**…公害問題などから始まった。特定地域の問題について，その地域住民の要求の実現をはかるもの。

基本問題 ●●●●●●●●●●●●●●●●●●●●●●●●●●●●●● 解答 ➡ 別冊 *p.10*

45 世論と政治参加 **◀テスト必出**

＜できたらチェック。＞

次の文中の〔 〕から正しい語句を選べ。

□ (1)　世論はとらえどころのないものであるが，〔世論操作　世論調査〕を実施することによって明確に数値化することができる。

□ (2)　新聞・テレビなどの〔マスメディア　記者クラブ〕が，世論形成に大きな役割を果たしている。

□ (3)　(2)を介した一方的かつ大量の情報伝達を，〔マスメディア　マスコミュニケーション〕とよぶ。

□ (4)　本来は立法・行政・司法の三権を監視する立場にある新聞やテレビが，みずから「〔第三の権力　第四の権力〕」となって過度の影響力をもっているという批判がある。

□ (5)　労働組合・業界団体などの〔地方公共団体　利益集団〕は，所属する人々の割合が低くなったため，その影響力が低下してきている。

□ (6)　国境をこえて人権・環境などに関するさまざまな活動をする〔NPO　NGO〕（非政府組織）の役割が高まってきている。

□ (7)　民間非営利組織の活動を促進するため，〔NPO法　PKO協力法〕が制定された。

標準問題 ●●●●●●●●●●●●●●●●●●●●●●●●●●●●●● 解答 ➡ 別冊 *p.10*

46 **◀差がつく** 次の文を読んで，あとの各問いに答えよ。

　現代民主政治は，多数の人々の意見を集約した（ ① ）を尊重して行われる。その形成にはさまざまな要因があるが，マスメディアが果たしている役割が特に重要である。特にマスメディアが実施する（ ② ）は，（ ① ）の実態を具体的に数値化するものである。しかし，一方で**A**マスメディアの発達が，人々を画一的な意見に同調する情報の受け手にしてしまうとともに，マスメディア自身が立法・行政・司法の三権につぐ「（ ③ ）」と化しているとの批判もある。また，権力者がマスメディアを利用して（ ④ ）を行う例も，過去にたびたび見られた。

　民主政治が適切に行われるために，人々が権力による報道の自由への統制を警戒すると同時に，情報公開の制度が確立されていることが必要である。また国民の側も，**B**さまざまな情報を入手する際に，客観的な判断を行うように努めなければならない。

□ (1) ①〜④にあてはまる語句を選び，それぞれ記号で答えよ。

　　ア　第四の権力　　イ　世論調査　　ウ　死票　　エ　社会契約

　　オ　世論　　カ　世論形成　　キ　世論操作

(2) 下線Aについて，次の各問いに答えよ。

□ 　ⓐ　政治家がたくみに言葉を使って，大衆の情緒に訴えて支持を集める政治手

　　　法を選び，記号で答えよ。

　　　ア　ガバナンス　　イ　ポピュリズム　　ウ　ロビイスト　　エ　党議拘束（こうそく）

□ 　ⓑ　マスメディアにあてはまらないものを選び，記号で答えよ。

　　　ア　新聞　　イ　テレビ　　ウ　ラジオ　　エ　電報

□ (3) 下線Bのような情報を扱（あつか）う能力のことを何というか。

□ (4) 情報の発信・受信の際に気をつけなければならないこととして適切ではない

　　ものを選び，記号で答えよ。

　　　ア　フェイクニュースの拡散に加担しない。　　イ　個人情報を流出させない。

　　　ウ　プライバシーを侵害しない。　　エ　特定の政党に対する支持を表明しない。

📖ガイド　(2) マスメディアは，大衆に情報を伝達する機関のこと。

47 次の文を読んで，あとの各問いに答えよ。

　健全な A 世論が形成されるためには，国民が有権者としての自覚をもつなど，政治に対して関心をもつことが重要である。しかし，政治的（ ① ）が若い年代を中心に広まり，大きな問題とされている。近年は，政治家の不祥事（ふしょうじ）や政界再編などの影響で，特定の支持政党をもたない（ ② ）層も増大し，また選挙での投票率の（ ③ ）も民主政治の危機として指摘されている。

　一方で，大衆の社会的要求を実現するための動きとして，平和・福祉（ふくし）・環境をめぐる（ ④ ）運動が活発になってきた。日本でも，B 民間非営利組織，C 非政府組織などの市民による団体が影響力を増している。

□ (1) ①〜④にあてはまる語句を選び，それぞれ記号で答えよ。

　　ア　市民　　イ　低下　　ウ　社会主義　　エ　無党派

　　オ　上昇　　カ　低所得者　　キ　無関心

□ (2) 下線Aについて，その動向を表しているとはいえないものを選び，記号で答えよ。

　　ア　選挙結果　　イ　署名活動　　ウ　政党支持率　　エ　国勢調査

□ (3) 下線B・Cの略称を，アルファベットでそれぞれ答えよ。

📖ガイド　(1)① リースマンは，これを「伝統型無関心」と「現代型無関心」に分類した。

12 資本主義経済の成立と変容

▶ 経済活動の意義

① **生産**…生産要素(**資本・労働力・土地**)を用いて，分業と協業により財(有形)・サービス(無形)をつくり出す。

② **消費**…財・サービスを購入して利用する。

③ **市場**…貨幣を通じて希少性のある財・サービスを**交換**する場。希少性はトレードオフの関係を生み，選ばなかった選択肢から得られたはずの便益を**機会費用**と考える必要がある。多くの国々は，市場での自由な取り引きにより資源配分を行う**資本主義経済(市場経済)**を採用。

④ **経済体制**…ほかに資本主義経済を否定する社会主義経済(計画経済)がある。

▶ 資本主義経済の成立

① **産業革命**…18世紀後半のイギリスで急速な工業化が進み，問屋制家内工業や工場制手工業(マニュファクチュア)から**工場制機械工業**へ。産業の担い手は，生産手段を所有する**資本家階級**と労働力を売る**労働者階級**。

② **産業(自由競争的)資本主義**…アダム・スミスは『**国富論**』(『**諸国民の富**』)の中で，自由競争が「見えざる手」に導かれ公共の利益を促進すると説く→**自由放任主義(レッセ・フェール)**，「夜警国家」，「小さな政府」の国家観。

③ **資本主義経済の特徴**…生産手段の私有，利潤追求の自由，自由競争，契約の自由，労働力の商品化。

▶ 資本主義経済の変容

① **労働条件**…過酷な労働が問題となり，労働運動が活発化。貧富の差が拡大。

② **企業間の競争**…競争がイノベーション(技術革新)をもたらす(シュンペーターの「創造的破壊」)。規模の経済(規模の利益)の追求によって株式会社制度が発達。**資本の集積・資本の集中**が進み，寡占化・独占化(独占資本主義)。アメリカの経済学者ヴェブレンは営利本位の資本主義経済を批判。

③ **景気変動**…19世紀以降，景気が極端に悪化する**恐慌**が定期的におこる→余った生産物を売るための海外市場を求め帝国主義が台頭→1929年に世界恐慌発生→アメリカの**ローズベルト大統領**がニューディール政策を実施。

④ **資本主義経済の修正**…イギリスの経済学者ケインズは，有効需要を増やすことにより景気回復と完全雇用が実現できると主張→**修正資本主義(混合経済)**。イギリスの経済学者ピグーは，累進所得税・環境税の導入など，政府の介入によって福祉を高めることができると主張→「**大きな政府**」の国家観。

基本問題 .... 解答 ➡ 別冊 *p.11*

48 経済活動の意義

できたら
チェック◎

次の**各説明**について，正しいものには○，誤っているものには×と答えよ。

- □ (1) 生産活動によって生産されるもののうち，無形のものを財という。
- □ (2) 生産活動によって生産されたものを買って利用することを，消費という。
- □ (3) 複数の選択肢の中からある選択を行う際，他の選択肢を選んだときに得られたはずの便益のことを有効需要という。
- □ (4) 世界の大部分の国は，市場での自由な取り引きにより資源配分を行う計画経済を採用している。

49 資本主義経済の成立 ◀テスト必出

次の説明にあてはまる語句を答えよ。

- □ (1) 急速な工業化が進んだ18世紀後半のイギリスでおこった，工場制機械工業の成立とそれにともなう社会の変革。
- □ (2) 労働者階級と並んで産業の担い手となった，生産手段を所有する階級。
- □ (3) 著書『国富論』(『諸国民の富』)の中で，自由競争が「見えざる手」に導かれて公共の利益を促進すると説いた経済学者。
- □ (4) 国家の果たすべき義務は，国防・司法・公共施設の配置の3つにすぎないとする考えに基づく国家観を表す言葉。
- □ (5) 資本主義経済において，資本家階級が生産活動によって得るもの。

50 資本主義経済の変容

次の空欄にあてはまる語句を答えよ。

- □ (1) 19世紀のヨーロッパでは，労働者の過酷な労働条件が問題となり，(　　　)運動が活発化した。
- □ (2) 経済学者のシュンペーターは，経済発展における(　　　)の重要性を説いた。
- □ (3) 企業が利潤を蓄積して規模の拡張をはかることを，資本の(　　　)という。
- □ (4) アメリカの(　　　)大統領は，ニューディール政策を実施した。
- □ (5) 経済学者の(　　　)は，有効需要を増やすことにより景気回復と完全雇用が実現できると主張した。
- □ (6) 経済学者のピグーは，(　　　)所得税・環境税の導入など政府の介入によって福祉を高めることができると主張した。

標準問題 •• 解答 ➡ 別冊 *p.11*

51 次の文を読んで，あとの各問いに答えよ。

　人間が社会生活を営んでいくためには，有形の（ ① ）や無形の（ ② ）を生産し，
分配・消費する経済活動を行うことが必要である。それらの経済活動は，A生産
を主とする企業，消費を主とする家計，これらの活動を調整するために財政活動
を行う政府が，それぞれがみずからの意思によって経済活動をし，それぞれが
（ ③ ）を媒介して相互に結びつくことで成り立っている。現代の経済活動は，
B生産者と消費者がともに自由意思で行動し，結果としてその調整を市場にゆだ
ねる経済体制の下で行われている。

□ (1) ①〜③にあてはまる語句を選び，それぞれ記号で答えよ。

　　ア　便益　　イ　貨幣　　ウ　サービス　　エ　トレードオフ

　　オ　財　　カ　契約

□ (2) 下線Aにおいて，生産手段にあてはまらないものを選び，記号で答えよ。

　　ア　資本　　イ　販路　　ウ　労働力　　エ　土地

□ (3) 下線Bのような経済体制を何というか。

　📖 ガイド　(2) それぞれの生産手段は，資本家・労働者・地主によって提供される。

52 ◀差がつく　次の文を読んで，あとの各問いに答えよ。

　イギリスでは，18世紀半ばから産業革命が進展し，資本主義経済が成立した。
19世紀半ばには，イギリスは工業製品を世界各地に輸出するようになった。こ
の過程で，A工場や機械・原材料などの（ ① ）を所有して工場を経営する人々と，
B自己の労働力を提供して生計をたてる人々という階級が成立した。

　資本主義経済の特徴の1つは，（ ② ）で，生産のために必要な土地や工場など
が私的に所有される。また，労働力も商品として売買される商品経済の社会となっ
ていて，個人や企業が利潤を求めて（ ③ ）を行うことを原則としている。
このような資本主義経済の原理を初めて体系化したのは，Cアダム・スミスであ
る。彼は，D個人や企業がみずからの利潤を求めて行動すれば，神のE「見えざ
る手」に導かれて，社会全体の調和がとれ，全体の利益も増大すると述べて，
「（ ④ ）」（レッセ・フェール）を主張した。

□ (1) ①〜④にあてはまる語句を選び，それぞれ記号で答えよ。

　　ア　商品　　イ　自由競争　　ウ　生産手段　　エ　自由放任主義

　　オ　労働運動　　カ　計画経済　　キ　機会費用　　ク　生産手段の私有

□ (2)　下線A・Bの人々をそれぞれ何とよぶか。

□ (3)　下線Cの国家観を示した語句を選び，記号で答えよ。

　　　ア　国民国家　　イ　「大きな政府」　　ウ　福祉国家　　エ　「小さな政府」

□ (4)　下線Dについて，大がかりで革新的な生産技術上の変革がたびたびおこった。
　　　このような変革を何というか。

□ (5)　下線Eの意味するものを選び，記号で答えよ。

　　　ア　市場における不特定の買い手　　イ　市場で価格決定に影響する売り手

　　　ウ　市場における価格のはたらき　　エ　市場での自由な営利活動

❺❸　次の文を読んで，あとの各問いに答えよ。

　19世紀半ばまでの資本主義経済は，商品を生産・販売して利潤を求める資本
家の自由な競争の下に成立していた。しかし，19世紀後半から20世紀にかけて，
A競争によって弱小企業が没落したり，周期的に景気が変動し，極端に景気が悪
化する（　①　）にみまわれたりするようになった。また，巨大な資本を必要とする
重化学工業の発達とともに，少数の大企業が市場を支配するようになった。この
新しい段階の資本主義を（　②　）とよんでいる。この段階では，B市場を海外にも
求め，国際競争もはげしくなった。

　1929年，アメリカで始まった株価暴落とそれに続く1930年代前半の世界（　①　）
をきっかけにして，アメリカでは公共投資を行って景気の回復と失業者救済のた
めの（　③　）政策を実施し，各国の政府もC自由放任の政策を改めて，積極的な経
済政策を採用していった。

□ (1)　①～③にあてはまる語句を選び，それぞれ記号で答えよ。

　　　ア　エンクロージャー　　イ　独占資本主義　　ウ　恐慌

　　　エ　社会主義　　オ　ニューディール　　カ　協業

□ (2)　下線Aについて，大企業が他の企業を吸収・合併することで支配力を強める
　　　ことを何というか。

□ (3)　下線Bについて，軍事力を背景に商品市場，原料の供給先としての植民地を
　　　広げていく国の政策を何というか。

□ (4)　下線Cの資本主義は，近代経済学の立場から何というか。

□ (5)　下線Cについて，ケインズは実際の貨幣支出をともなう需要を増やすための
　　　財政・金融政策の必要性を説いた。下線部の「需要」のことを何というか。

📖 ガイド　(4) 資本主義経済は，自由競争的資本主義から独占資本主義，修正資本主義へと発
　　　　　　展した。

13 社会主義経済と現代の資本主義経済

テストに出る重要ポイント

社会主義経済

① 社会主義…生産手段の社会的所有と政府による計画的な生産・分配(計画経済)。ドイツの経済学者マルクスは『**資本論**』などの中で労働価値説を説き,資本主義経済から社会主義経済への移行を必然と説いた。

② **社会主義国家の成立**…レーニンの指導による**ロシア革命**(1917年)→世界初の社会主義国である**ソビエト連邦**(ソ連)が成立(1922年)。計画経済により生産力を発展させ重化学工業化を進める。

③ **社会主義経済の変容と改革**…1960年代以降,生産体制の非能率,勤労意欲の減退,技術革新への立ち遅れなどが表面化→経済の停滞・混乱が深刻化→ソ連が**市場経済**の制度を一部導入し,生産性の向上をはかる。

④ **ソ連の解体**…1980年代後半,**ゴルバチョフ**による**ペレストロイカ**(立て直し)・**グラスノスチ**(情報公開)→**ソ連解体**(1991年),独立国家共同体(CIS)の成立。ロシアや東欧諸国は社会主義経済から資本主義経済へ転換。

⑤ **中国の市場経済化**…1979年以降,計画経済に市場原理を導入(社会主義市場経済)。外国資本を導入する改革・開放政策。外国から返還された香港・マカオでは一国二制度を採用。

現代の資本主義経済

① **所有と経営の分離**…株式所有の分散化により,株主に代わって経営者が企業の実権を握る。

② **グローバル化**…情報通信技術(ICT)の進歩によって情報化が進展→ヒト・モノ・カネ・情報が国境をこえて自由に移動する経済のグローバル化が,貿易・直接投資・金融の三局面で進行。規格や制度の世界標準化(グローバル・スタンダード)が適用される。

③ **グローバル化にともなう課題**…底辺への競争の回避。グローバルな課題に対して国際的に対処することが求められる。

④ **新自由主義**…1970年代の石油危機を経て,1980年代には,**レーガン政権**,**サッチャー政権**などが「小さな政府」へ回帰。フリードマンはマネタリズムの有効性を主張。

⑤ **現代の資本主義経済**…多国籍企業の影響力拡大にともない,国際資本移動の自由化が実現。金融の影響力が強まった結果,アジア通貨危機(1997年)やリーマン・ショック(2008年)などの金融危機が発生→実体経済から金融経済への移行。

基本問題 ●●●●●●●●●●●●●●●●●●●●●●●●●●●●●● 解答 ➡ 別冊*p.12*

チェック。できたら

❺❹ 社会主義経済 ◀テスト必出

次の各問いに答えよ。

- □ (1) レーニンの指導によって1917年におこった社会主義革命を何というか。
- □ (2) 1970年代後半から，経済特区の指定などの改革・開放政策が進められてきた社会主義国はどこか。
- □ (3) 1980年代にペレストロイカなどの改革が試みられた社会主義国はどこか。
- □ (4) (3)の国が1991年に解体すると，何という国家連合が成立したか。
- □ (5) 外国から中国へ返還された香港やマカオで採用されている，50年間は特別行政区として社会主義と資本主義を併存させるとした制度を何というか。

❺❺ 現代の資本主義経済

次の空欄にあてはまる語句を答えよ。

- □ (1) 20世紀になると，株式所有の分散化により，株主に代わって経営者が企業の実権を握るようになり，（　　）と経営の分離が進んだ。
- □ (2) ヒト・モノ・カネ・情報が国境をこえて自由に移動するようになったことを，経済の（　　）化という。
- □ (3) (2)の現象にともない，製品の規格，経済制度などを標準化する（　　）が国境をこえて適用されるようになった。
- □ (4) (2)の現象は，貿易・（　　）・金融の三局面で進行した。
- □ (5) 1980年代には民営化を進めたり，福祉支出を削減したりすることにより，国家の市場介入を縮小する「（　　）政府」をめざす新自由主義が台頭した。
- □ (6) 金融の影響力が強まった結果，2008年の（　　）・ショックによる世界金融危機などが発生した。

標準問題 ●●●●●●●●●●●●●●●●●●●●●●●●●●●●●● 解答 ➡ 別冊*p.12*

❺❻ 次の文を読んで，あとの各問いに答えよ。

　恐慌や失業，資本家と労働者の対立など，資本主義経済で発生した矛盾を解決しようとしたのが，『資本論』の著者（　①　）らの確立したA社会主義経済の理論である。社会主義国では，生産物の種類や量についてB国家的な計画が立てられ，各企業にはその達成が義務づけられるというしくみで運営された。

　しかし，多くの社会主義諸国では経済全体の発展・拡大が思い通りに進まず，

経済の停滞・後退がおこった。ソ連では1985年にゴルバチョフ政権が誕生し，「（ ② ）」(立て直し)と「グラスノスチ」(情報公開)の政策を中心に，国内の改革が進められたが，改革の成果はなかなか現れず，1991年末にソ連は解体した。中国では1979年以降，市場原理の導入を進め，外国の資本や技術の導入をはかるなど，一連の（ ③ ）政策がとられている。

□(1)　①～③にあてはまる語句を選び，それぞれ記号で答えよ。

　　　ア　改革・開放　　イ　マルクス　　ウ　ニューディール

　　　エ　ペレストロイカ　　オ　ケインズ

□(2)　下線Aについて，生産物に価値を与えるのは，そのために投下された労働であるとする説を何というか。

□(3)　下線Bのしくみの経済を何というか。

　📖ガイド　(1)①　マルクスとエンゲルスは，労働者組織の第一インターナショナルの創設者。

57　◀差がつく　次の文を読んで，あとの各問いに答えよ。

　第二次世界大戦後は，ケインズの理論に基づく政策が多くの資本主義国で取り入れられたが，1970年代後半になると，ケインズ流の「大きな政府」を批判するAマネタリズムを主張する「（ ① ）主義」が台頭してきた。「小さな政府」をめざしたイギリスの（ ② ）政権，アメリカのレーガン政権，日本では1982年に中曽根政権が誕生した。これらの政策は大企業を中心に経済を活性化させる反面，　B　など国民生活を不安にする要因をともなっていることから，新たな政策への転換が模索されている。また，（ ① ）主義と並んで，情報化の進展にともなう経済のCグローバル化も，現代経済の大きな特徴となっている。

□(1)　①・②にあてはまる語句を選び，それぞれ記号で答えよ。

　　　ア　サッチャー　　イ　修正資本　　ウ　ブレア　　エ　新自由

□(2)　下線Aを提唱し，1976年にノーベル経済学賞を受賞したアメリカの経済学者は誰か。

□(3)　　B　にあてはまらない要素を選び，記号で答えよ。

　　　ア　所得格差拡大　　イ　福祉支出削減

　　　ウ　グローバル・スタンダード　　エ　雇用規制の弾力化

□(4)　下線Cについて，グローバル化の進行した現代資本主義の特徴を2つ選び，記号で答えよ。

　　　ア　実体経済から金融経済への移行　　イ　植民地獲得競争の激化

　　　ウ　保護貿易の拡大　　エ　国際資本移動の自由化

14 市場経済の機能と限界

○ **経済主体**

① 家計…労働力を提供し納税。**所得−消費支出−税金・社会保険料＝貯蓄**。所得が増えると消費は増加（所得効果）。家計の保有する株式などの価値が上がると消費は増加（資産効果）。

② 企業…生産要素を用いて生産を行い，利潤(りじゅん)を獲得する。

③ 政府…租税(そぜい)を徴収(ちょうしゅう)して公共財(きょうきゅう)を供給する。

○ **市場(しじょう)メカニズム**

① 市場…家計や企業が対価を払って財・サービスを入手。**市場メカニズムによって資源が適切に配分される（資源の効率的配分）。**

② 価格の決定…市場において需要量(じゅよう)（Ｄ）と供給量(きんこう)（Ｓ）を一致させる価格を均衡価格という。超過供給(ちょうか)→価格が下落(げらく)。超過需要→価格が上昇。

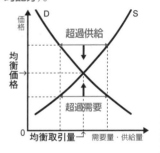

③ 価格の自動調節機能…価格の変動により，需要と供給のバランスが自動調節される。

④ 市場の失敗(市場の限界)…市場メカニズムが機能しないこと。競争の不完全性(寡(か)占(せん)・独占(どくせん)。寡占市場で管理価格を形成)，情報の非対称性(ひたいしょうせい)(企業が正しい情報を公開しない)。対価を払わなくても利益を受ける場合を外部経済というが，これとは反対に対価を受け取ることなく不利益をこうむる場合を外部不経済という。なお，公共財は非競合性(ひきょうごうせい)・非排除性(ひはいじょせい)という性質をもつため，対価をとることができない。

○ **現代の市場**

① 企業の規模拡大…企業が**規模の経済(規模の利益)**を追求→他企業を排除して大規模化→特定企業がデファクト・スタンダードを構築。

② 独占と寡占…市場支配が単一企業による場合を独占，少数の企業による場合を寡占という。寡占市場では，**広告・宣伝など価格以外の面での非価格競争**が発生。

③ 管理価格…最有力企業がプライス・リーダー(価格先導者(せんどうしゃ))となって価格を設定し，他の企業が追従するため価格が下がりにくい(価格の下方硬直性(かほうこうちょくせい))。

④ 独占・寡占の形態…カルテル(企業連合)，トラスト(企業合同)，コンツェルン(企業連携(れんけい))がある→独占禁止法に基(もと)づき，公正取引委員会が取り締まる。

基本問題 •• 解答 ⟹ 別冊 *p.12*

⑤⑧ 経済主体

次の各問いに答えよ。

☐ (1)　家計の所得から消費支出や税金，社会保険料を差し引いた残りは何になるか。

☐ (2)　家計の保有する株式や土地の価格が上がると，家計の消費も増える。この傾向を何というか。

☐ (3)　経済主体のうち，労働者を雇い，生産要素を用いて生産を行う経済主体を何というか。

⑤⑨ 市場メカニズム ◀ テスト必出

次の各説明について，正しいものには〇，誤っているものには×と答えよ。

☐ (1)　家計や企業が対価を払い，財・サービスを入手するところを市場という。

☐ (2)　市場メカニズムによって資源が適切に配分されることを，価格の自動調節機能（自動調整作用）という。

☐ (3)　市場において，需要・供給を一致させる価格を均衡価格という。

☐ (4)　需要がすべての価格帯で高まれば，需要曲線は右側へ移動する。

☐ (5)　超過供給の場合，価格は上昇する。

☐ (6)　価格の変動によって，需要と供給のバランスが自動的に調節されることを，資源の効率的配分という。

☐ (7)　市場メカニズムがうまく機能しないことを，イノベーションという。

☐ (8)　企業の寡占化・独占化が進み，市場での価格調整がうまく機能しなくなることを，競争の不完全性という。

☐ (9)　企業が消費者に正しい情報を公開しないことを，情報の非対称性という。

☐ (10)　近隣にある庭園のように，対価を払わなくても，人の目を楽しませてくれるなど生活を豊かにしてくれる場合を，外部不経済という。

☐ (11)　公害や環境破壊のように，対価を受け取ることなく不利益をこうむる場合を，外部経済という。

⑥⓪ 現代の市場

次の文中の〔　〕から正しい語句を選べ。

☐ (1)　パソコンのOS（基本ソフト）のように，規模を拡大した企業が既成事実的に市場を支配するようになった規格を，〔グローバル・スタンダード　デファクト・スタンダード〕という。

□ (2) 単一企業によって市場が支配される状態を,〔独占 寡占〕という。

□ (3) 最有力企業がプライス・リーダー(価格先導者)となって設定される価格を,〔均衡価格 管理価格〕という。

□ (4) 独占・寡占による弊害を取り除くために定められた法律を,〔商法 独占禁止法〕という。

　📖 **ガイド** (3)この価格が設定されると,非価格競争がおこる。

標準問題 ·· 解答 ➡ 別冊 *p.13*

61 経済の循環を表す右の図を見て,次の問いに答えよ。

□ (1) 図中の①〜⑤にあてはまる語句を選び,記号で答えよ。

　　ア 貯蓄　イ 賃金　ウ 代金
　　エ 貸出　オ 租税

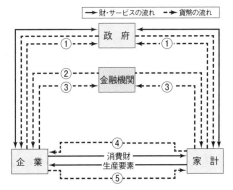

→ 財・サービスの流れ　⇢ 貨幣の流れ

政府　①　①
②　③　金融機関　③
④　消費財／生産要素
企業　⑤　家計

□ (2) 家計から企業に提供される生産要素にあてはまらないものを選び,記号で答えよ。

　　ア 労働力　イ 土地
　　ウ 機械　エ 資本

□ (3) 家計と企業との間,家計と政府との間のいずれにも見られる交換を選び,記号で答えよ。

　　ア 補助金と財・サービス　イ 労働力と賃金
　　ウ 財・サービスと代金　エ 社会保障給付と租税

□ (4) 家計の支出のうち,家族の暮らしを維持するための支出を何というか。

62 ◀差がつく▶ 次の文を読んで,あとの各問いに答えよ。

　A市場では,売り手と買い手が出会ったときから需要量と供給量が一致することはまれで,両者の間にはしばしばくい違いが生じる。需要量が供給量を上回って品不足が生じると,価格が@〔ア 上がって　イ 下がって〕,買い手は需要量を⑥〔ア 増やす　イ 減らす〕。その反対に,供給量が需要量を上回って売れ残りが生じると,価格は©〔ア 上がって　イ 下がって〕,売り手は供給量を@〔ア 増やし　イ 減らし〕,B両者のバランスがとられる。このような,価格の変動により需要と供給を一致させるメカニズムが,価格の(C)である。

□ (1) ⓐ～ⓓの〔　〕から正しい語句を選び，それぞれ記号で答えよ。

(2) 下線Aの機能の限界である次の①～③に対応するための政府の施策を，ア～
　　ウから選び，それぞれ記号で答えよ。

□ 　① 市場が寡占状態にある場合

□ 　② 財の生産に外部不経済がともなう場合

□ 　③ 財が公共財の性質をもつ場合

> ア　生産の制限
> イ　政府による供給
> ウ　新規参入の促進

□ (3) 下線Bについて，需要量と供給量を一致させる価格を何というか。

□ (4) Cにあてはまる語句を答えよ。

63 次の文を読んで，あとの各問いに答えよ。

　資本主義が発達するにつれて，少数の大企業によるA独占の組織が形成されて
市場を支配するようになった。このような（　①　）市場においては，B業界最大手
の大企業が提唱する価格に，他社が追従する場合がある。この結果,価格の（　②　）
性という現象がおこり，技術革新や生産の合理化によって生産費が低下しても，
価格は下がりにくくなる。すると，企業は売り上げをのばすために，価格による
競争よりもCマスメディアなどを利用した（　③　）・宣伝競争やサービス競争に力
を入れるようになる。

　その結果，それらに要する費用が商品の価格をおし上げ，消費者の利益を害す
ることになる。こうした市場支配による弊害から国民生活を守るため，日本では
独占禁止法が制定され，（　④　）委員会が設けられている。

□ (1) ①～④にあてはまる語句を選び，それぞれ記号で答えよ。

　　ア　広告　　イ　有効需要　　ウ　合理　　エ　寡占
　　オ　国家公安　　カ　下方硬直　　キ　公正取引

(2) 下線Aについて，企業集中の形態のうち，次のⓐ・ⓑにあてはまる形態をそ
　　れぞれ答えよ。

□ 　ⓐ 企業どうしが合併などによって一体化して独占的な力を得るもの。

□ 　ⓑ 独立した企業どうしが価格や生産量・販路などで協定を結ぶもの。

(3) 下線Bについて，次の各問いに答えよ。

□ 　ⓐ このときの業界最大手の企業を何というか。カタカナで答えよ。

□ 　ⓑ このような傾向によって決定された価格を何というか。次から選び，記号
　　　で答えよ。

　　　ア　公共料金　　イ　競争価格　　ウ　管理価格　　エ　統制価格

□ (4) 下線Cのような点に力を入れる競争を何というか。

15 生産のしくみと企業

◆ 企業の活動

① 企業…生産活動を担う経済主体。売上高から費用(原材料費・人件費・利子支払い・減価償却費など)を差し引いた残りが利潤となる。

② 企業形態…会社法に基づいて設立された企業を会社といい,個人企業と法人企業がある。

③ 株式会社…株式を発行して資金を調達。出資者である株主は出資額に応じて配当を得て,出資額の範囲内で責任を負う(有限責任)。

④ 所有と経営の分離…株式会社では,会社の所有者と経営者が異なることが多い。経営の実権が株主総会で任命された取締役に集中。

⑤ 内部留保…利潤から配当などを差し引いたもので,自己資本に分類される。設備投資,研究開発(R&D),M&A(合併・買収),リストラクチャリング(事業再構築)などの原資に。

▼会社の種類

企業形態		出資者	経営者
株式会社	公開会社	有限責任の株主	取締役(3人以上)
	株式譲渡制限会社		取締役(1人以上)
合名会社		無限責任社員	無限責任社員
合資会社		無限責任社員,有限責任社員	無限責任社員
合同会社		有限責任社員	有限責任社員

⑥ 外部資金…社債発行・新株発行・銀行借り入れなどで,他人資本に分類。

◆ 現代の企業

① 多国籍企業…外国に子会社や系列会社をもち,世界的規模で活動する企業。

② コングロマリット(複合企業)…異業種の企業を合併・買収し,複数の産業・業種にまたがって活動する企業。

③ 持株会社制度…独占禁止法の改正(1997年)により,持株会社の設立が解禁→企業の再編が加速。

◆ 企業の統治機構

① 株主への貢献…キャピタルゲインの実現など株主価値の最大化を重視し,企業情報の開示(ディスクロージャー)などを実施→企業統治(コーポレート・ガバナンス)を強化。

② 利害関係者(ステークホルダー)への貢献…法令遵守(コンプライアンス),ダイバーシティ(多様性)の推進など,企業の社会的責任(CSR)を強化。

基本問題 •••••••••••••••••••••••••••••••••• 解答 ➡ 別冊 *p.13*

64 企業の活動 ◀ テスト必出

次の説明にあてはまる語句を答えよ。

- □ (1)　企業の費用のうち，設備を更新するためにとっておかれるもの。
- □ (2)　会社法に基づき，1人以上の出資者によって設立された団体。
- □ (3)　親族からなる小規模な会社に多い，出資者・経営者がともに無限責任社員からなる会社。
- □ (4)　株式会社の出資者。
- □ (5)　株式会社が倒産した場合，株主は出資額を限度として負債を負うとする規定。
- □ (6)　株主が集まって開かれる，株式会社の最高意思決定機関。
- □ (7)　利潤から配当や税金などを差し引いた残りを，資金として蓄積しておくこと。
- □ (8)　企業が(7)や株式発行によって調達した資本。
- □ (9)　企業がみずから新技術を開発していく試み。
- □ (10)　事業の多角化などによって，事業の形態を再編成すること。
- □ (11)　企業が資金を調達するために発行する有価証券。
- □ (12)　企業が経営にあたって，その利益の最大化をめざす，利害関係者のこと。

65 現代の企業と統治機構

次の空欄にあてはまる語句を答えよ。

- □ (1)　アメリカやヨーロッパ，日本では，外国に子会社や系列会社をもち，世界的規模で活動する（　　）が多い。
- □ (2)　異業種の企業を合併・買収し，複数の産業・業種にまたがって活動する企業を（　　）という。
- □ (3)　1997年の独占禁止法の改正により，株式の保有によって他企業を支配することをおもな業務とする（　　）が解禁された。
- □ (4)　株主のために，株価などの資産価値の上昇によって得られる（　　）の実現を重視する企業も多い。
- □ (5)　株主の投資判断を助けるため，経営実態の情報を提供することを（　　）という。
- □ (6)　経営者が株主の代理人として，適切に会社運営を行っているかどうかを，経営者以外の者が監視することを（　　）という。

📖 **ガイド**　(6) 金融庁の設置，金融商品取引法の成立などを受けて，企業内の統制も強まった。

標準問題 ●●●●●●●●●●●●●●●●●●●●●●●●●●●●●● 解答 ➡ 別冊 *p.14*

66 次の文を読んで，あとの各問いに答えよ。

　企業の経営規模が巨大化するにつれ，A企業活動を営むための巨額な資金が必要となった。その結果，B多くの人から資金を集めて活動する（ ① ）会社が発達し，今日の大企業の中心となっている。この企業では，銀行や関連会社などの法人株主が増大し，個人株主の影響力が小さくなってきた。また，（ ① ）の保有により他の企業を支配する（ ② ）会社も，独占禁止法の改正後，急速に増えている。

　高度に発展した現代の資本主義経済の下では，国際間で企業を支配する大企業も出てきた。特に1950年代後半からは，各国に子会社・系列会社をもち，世界的規模で活動する（ ③ ）企業が生まれた。さらに，関連業種だけでなく異業種企業を（ ④ ）（合併・買収）したコングロマリット（複合企業）も生まれた。

できたらチェック。

☐ (1)　①〜④にあてはまる語句を選び，それぞれ記号で答えよ。

　　ア　フィランソロピー　　イ　多国籍　　ウ　株式　　エ　M&A
　　オ　持株　　カ　R&D　　キ　社債　　ク　プライス・リーダー

☐ (2)　下線Aについて，自己資本に分類されるものを選び，記号で答えよ。

　　ア　支払手形　　イ　内部留保　　ウ　社債発行　　エ　銀行借り入れ

☐ (3)　下線Bについて，現代では経営規模の拡大につれて，経営の実権が会社の所有者（出資者）から専門的経営者の手に移っている。この現象を何というか。

67 **◀差がつく**　次の各問いに答えよ。

☐ (1)　企業の社会的責任を促すことを目的とする行為の例として，適切でないものを選び，記号で答えよ。

　　ア　消費者が社会的に問題をおこした企業の商品に対して不買運動をおこす。
　　イ　政府が社会的に問題をおこした企業に対して一定の指導・勧告を行う。
　　ウ　投資家が慈善事業への寄付を行う企業に対して寄付の中止を求める。
　　エ　地方公共団体が環境に配慮した企業に補助金や奨励金を給付する。

☐ (2)　法令遵守（コンプライアンス）に関する記述として適切でないものを選び，記号で答えよ。

　　ア　企業が遵守すべき法には，条約のような国際的な規範がふくまれる。
　　イ　企業が遵守すべき法には，地方公共団体の制定する条例がふくまれる。
　　ウ　大企業による不祥事が相次いで発覚し，その必要性が高まった。
　　エ　企業で働く従業員に内部告発をさせないことを，内容の1つとしている。

16 国民所得と経済成長

◉ 国民所得

① **国民経済の規模**…ストック(ある時点における富の蓄えの量)→**国富**(実物資産〔社会資本と私的資本〕＋対外純資産)。フロー(一定期間における経済の流れの量)→**国内総生産(GDP)**などの指標で表される。

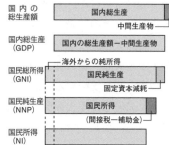

② **国内総生産(GDP)**…国内企業の付加価値の合計。海外からの純所得はふくまない。

③ **国民総所得(GNI)**…GDPに海外からの純所得を加えたもの。

④ **国民純生産(NNP)**…GNIから固定資本減耗(**減価償却費**)を除いたもの。

⑤ **国民所得(NI)**…NNPから「間接税−補助金」の部分を差し引いたもの。

⑥ **三面等価の原則**…国民所得は，生産国民所得・分配国民所得・支出国民所得の三面からとらえられ，それらの金額は一致する。

⑦ **国民福祉・幸福度を測る指標**…国民純福祉(**NNW**)，**グリーンGDP**，人間開発指数(**HDI**)など。

◉ 経済成長

① **経済成長**…一国の経済規模の拡大。GDPやGNIの増加率を経済成長率といい，年々の増加で示される。額面どおりの成長率を**名目経済成長率**，物価の変動分を除いて算出したものを**実質経済成長率**という。**労働力人口の伸び，資本ストックの伸び，技術革新などが成長の要因となる。

② **景気変動(景気循環)**…経済が拡大する時期と縮小する時期とが，周期的に繰り返される現象。**キチンの波**(約40か月)，**ジュグラーの波**(約8〜10年)，**クズネッツの波**(約20年)，**コンドラチェフの波**(約50年)。

③ **景気変動の4つの局面**…好況・後退・不況・回復という周期。

④ **物価**…諸価格の平均的な水準。消費者物価と企業物価(**卸売物価**)。物価動向は**GDPデフレーター**により示される。

⑤ **インフレーション**…物価が持続的に上昇する現象。**ディマンド・プル・インフレ，コスト・プッシュ・インフレ**。不況でありながらインフレーションが継続すると**スタグフレーション**。

⑥ **デフレーション**…物価が持続的に下落する現象。デフレーションと不況の悪循環を**デフレスパイラル**という。

基本問題 •••••••••••••••••••••••••••••••••••• 解答 ➡ 別冊 *p.14*

68 国民所得 ◀ テスト必出

次の文中の〔 〕から正しい語句を選べ。

□ (1) ある時点における一国の実物資産と対外純資産を合計したものを〔公共財 国富〕という。

□ (2) 一定期間における経済の流れの量を表す指標として，代表的なものに国内総生産＝〔NDP GDP〕などがある。

□ (3) (2)の指標に海外からの純所得を加えたものを国民総生産＝〔NI GNI〕という。

□ (4) 国内で1年間に新たに生み出された価値を〔付加価値 有効需要〕という。

□ (5) 国民総所得から固定資本減耗(減価償却費)を差し引いたものを国民純生産＝〔NI NNP〕という。

□ (6) 国民純生産から「間接税－補助金」の部分を差し引いたものを国民所得＝〔NNW NI〕という。

□ (7) 国民所得は，生産国民所得・分配国民所得・支出国民所得の三面からとらえられ，その金額が一致することを〔均衡価格 三面等価の原則〕という。

□ (8) 国民の福祉を総合的に測る指標として，国民純福祉＝〔NNW HDI〕などが考案されている。

69 経済成長

次の各説明について，正しいものには○，誤っているものには×と答えよ。

□ (1) 経済成長率のうち，額面どおりの成長率を実質経済成長率という。

□ (2) 経済成長の要因には，労働力人口の伸び，資本ストックの伸び，技術革新などがある。

□ (3) 景気変動のうち，投資・消費が増大する局面を不況という。

□ (4) 景気変動のうち，投資・消費が減少する局面を好況という。

□ (5) 景気変動の波のうち，最も長期の周期を示すものはキチンの波である。

□ (6) 不況の次に訪れる景気の局面は，回復である。

□ (7) 諸価格の平均的な水準を示した物価のうち，輸入品・原材料などの価格を平均したものを消費者物価という。

□ (8) 物価が持続的に上昇する現象をインフレーションという。

□ (9) 不況下にデフレーションが継続することをスタグフレーションという。

標準問題 ●●●●●●●●●●●●●●●●●●●●●●●●●●● 解答 ➡ 別冊 *p.14*

70 次の文を読んで，あとの各問いに答えよ。

　一定時点にその国が保有する再生産可能な財の合計を（　①　）といい，個人資産，生産財，A道路や港湾，対外資産などからなる。一方で，一定期間における経済の流れの量を（　②　）といい，国内総生産などの指標で表される。

　その国で1年間に新たに生産された財・サービスの合計が（　③　），（　③　）に海外からの純所得を加えたものが（　④　）である。そこから，その1年間に生産のためにB減耗した機械・設備や工場などの価値を差し引くと（　⑤　）が得られる。（　⑤　）から，市場価格にふくまれている間接税を差し引き，政府の補助金を加えると，1年間に一国において新しく生み出される価値（付加価値）の合計である（　⑥　）が得られる。これは，C生産・分配・支出の3つの側面からとらえられる。

（でき たら チェック）

□(1)　①〜⑥にあてはまる語句を選び，それぞれ記号で答えよ。

　　ア　国民所得（NI）　　イ　ストック　　ウ　国内総生産（GDP）
　　エ　国民純生産（NNP）　　オ　フロー　　カ　国民総所得（GNI）

□(2)　①は，一国の実物資産と対外純資産を合計した量で示される。これを何というか。

□(3)　下線Aは社会全体に必要な施設であり，実物資産である。これを何というか。

□(4)　下線Bのことを何というか。

□(5)　下線Cの3つの側面の関係を正しく示したものを選び，記号で答えよ。

　　ア　生産＝分配＝支出　　イ　生産＝分配＋支出
　　ウ　生産＋分配＝支出　　エ　生産−分配＝支出

71 ◀差がつく▶ 国内総生産について，次の各問いに答えよ。

□(1)　国内総生産の略称をアルファベットで答えよ。

□(2)　ある年の名目国内総生産は400兆円であり，その1年後の名目国内総生産は450兆円であった。名目経済成長率はいくらになるか。次から選び，記号で答えよ。また，実質経済成長率を算出するために必要となる物価の変動分を何というか。

　　ア　5.5％　　イ　7.5％　　ウ　9.5％　　エ　12.5％

□(3)　国内総生産に代わる指標のうち，国民の福祉を総合的に示すNNWという指標は，日本語で何とよばれるか。

📖**ガイド**　(2) 物価変動分を調整していないものが名目GDP，調整したものが実質GDP。

72 次の文を読んで，あとの各問いに答えよ。

経済活動が活発であるか停滞しているか，そのどちらかの方向にあるかなどの経済活動全体の状態を景気という。景気が上向いたり，下降したりする現象を（ ① ）という。この動きは，鉱工業生産・在庫量・通貨量・雇用量・A物価などの指標を総合的に見てとらえられ，好況→（ ② ）→（ ③ ）→（ ④ ）という4つの局面を周期的に繰り返す。

景気の周期は，B1つの景気の山から次の山までの長さで定義され，異なる周期の変動が組み合わされた結果生じると考えられている。このうち，実質GDPの成長率が平均的水準以上の時期をC好況とよび，平均的水準以下の時期をD不況とよぶ。

□(1) ①～④にあてはまる語句を選び，それぞれ記号で答えよ。

　　ア　回復　　イ　不況　　ウ　外部経済　　エ　後退　　オ　景気変動

(2) 下線Aについて，次の各問いに答えよ。

□　　ⓐ　日本でデフレスパイラルがおこった時期を，あとのア～オから選び，記号で答えよ。

□　　ⓑ　日本でスタグフレーションがおこった時期を，あとのア～オから選び，記号で答えよ。

　　ア　1964年東京オリンピック直前　　イ　第1次石油危機後
　　ウ　中曽根政権下　　エ　バブル崩壊後
　　オ　1964年東京オリンピック直後

(3) 下線Bに関連して，さまざまな景気変動の類型についての説が存在する。次の類型ⓐ～ⓒの景気変動を引きおこす原因をあとのア～ウから選び，それぞれ記号で答えよ。

□　　ⓐ　キチンの波　　□　　ⓑ　ジュグラーの波　　□　　ⓒ　コンドラチェフの波

　　ア　技術革新　　イ　設備投資の変動　　ウ　在庫の変動

□(4) 下線Cについて，好況のときには，生産量・雇用量・投資量・国民所得(NI)などの変化はどうなるか。次から選び，記号で答えよ。

　　ア　縮小する　　イ　変化がない　　ウ　増大する

□(5) 下線Dについて，不況の中でも特に経済活動が急激に下降して，経済が混乱することを何というか。

　　📖ガイド　(3) 景気変動の類型には，キチンの波(短期波動)，ジュグラーの波(中期波動)，クズネッツの波(20年程度)，コンドラチェフの波(長期波動)がある。

17 金融のしくみ

◉ 通貨と通貨制度

① 通貨(貨幣)…価値尺度，価値貯蔵手段，交換手段，支払い手段。流動性の高い現金通貨と，預金通貨(普通預金と当座預金)がある。

② 金本位制…世界恐慌のころまで採用されていた，金を通貨の価値の基準とする通貨制度。中央銀行は，金との引きかえを義務づける兌換紙幣を発行。

③ 管理通貨制度…通貨の発行量を，政府と中央銀行の管理下におく通貨制度。金の保有量に関係なく，必要に応じて不換紙幣を発行。

◉ 金融のはたらき

① 金融…経済活動における資金の融通。借り手と貸し手が直接融通しあう直接金融と，銀行などの金融機関を介する間接金融。金融市場(短期金融市場と長期金融市場)で，資金を融通する対価として利子(利息，金利)。

② 銀行の役割…金融仲介機能(預金金利と貸出金利の差額が収入)。支払決済機能(振り替えによる支払いの決済)。信用創造機能(貸し出しを繰り返すうちに預金額の何倍もの預金通貨を創出)。

③ 日本銀行…日本の中央銀行。「発券銀行」「政府の銀行」「銀行の銀行」(「最後の貸し手」)の役割。中央銀行が供給する通貨量がマネタリーベース。

④ 金融政策…金融機関以外が保有する通貨量(マネーストック)を調整して，景気と物価の安定をはかる。公開市場操作(オペレーション)が中心的な手段。無担保コールレート(翌日物)の金利を政策金利として誘導。ゼロ金利政策が続く近年はインフレターゲットを設定。

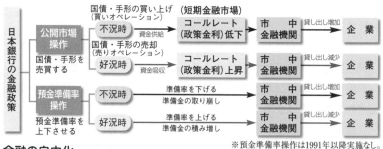

※預金準備率操作は1991年以降実施なし。

◉ 金融の自由化

① 金融の自由化・国際化…日本版金融ビッグバンで護送船団方式から転換。

② 金融再生…不良債権の増加，自己資本比率の低下→BIS規制を遵守するため貸し渋り，預金保険制度・ペイオフ制度・金融庁の創設。

基本問題 ●●●●●●●●●●●●●●●●●●●●●●●●●●●●●●●● 解答 ➡ 別冊 *p.15*

73 通貨と通貨制度

次の各問いに答えよ。

☐ (1)　紙幣と硬貨からなり，預金通貨よりも流動性の高い通貨は何か。

☐ (2)　預金通貨を構成するものは，普通預金ともう1つは何か。

☐ (3)　一般企業や家計，地方公共団体などが保有している通貨量を何というか。

☐ (4)　世界恐慌のころまで多くの国で採用されていた，中央銀行の発行する兌換紙幣に金との引きかえを義務づける通貨制度。

☐ (5)　通貨の発行量を，政府と中央銀行の管理下におく通貨制度。

📖 **ガイド**　(5) 紙幣は金との結びつきがなくなり，不換紙幣とよばれるようになった。

74 金融のはたらきと自由化　◀ テスト必出 ▶

次の空欄にあてはまる語句を答えよ。

☐ (1)　借り手と貸し手が，金融市場で直接資金を融通しあうことを（　　）という。

☐ (2)　銀行などの金融機関を介して資金を融通しあうことを（　　）という。

☐ (3)　金融市場のうち，（　　）では1年未満の資金が取り引きされている。

☐ (4)　金融市場で資金を融通する対価として，（　　）が支払われる。

☐ (5)　銀行は，資金が余っている経済主体から資金が足りない経済主体へ資金を貸し出す（　　）機能をもっている。

☐ (6)　銀行は，企業間や個人の公共料金などの決済を行う（　　）機能をもっている。

☐ (7)　銀行は貸し出しを繰り返すうち，預金額の何倍もの預金通貨を創出することになる。これを（　　）機能という。

☐ (8)　日本銀行は，国庫金の出納や国債発行の代行などを行うため，「（　　）」とよばれる。

☐ (9)　公開市場操作のうち，市中金融機関へ国債などを売って市中の通貨を吸い上げることを（　　）という。

☐ (10)　1990年代後半には，銀行・証券・保険などの新規参入を認めるなど，大規模な金融システムの改革が進められ，（　　）とよばれた。

☐ (11)　BIS規制で，国際金融業務を行う銀行の資産に対してどれだけの自己資本があるかを示す（　　）の基準が定められている。

☐ (12)　2000年には，金融機関の健全性を確保することなどを目的とする官庁として（　　）が設置された。

標準問題 •••••••••••••••••••••••••••••••••• 解答 ➡ 別冊 *p.15*

75 ◀差がつく▶ 次の文を読んで，あとの各問いに答えよ。

　日本の企業は，銀行をはじめとする**A金融機関**から資金の供給を受ける。**B銀行**が預金を受け入れると，その一部を支払準備として残したほかは貸し出される。これが繰り返し行われる結果，最初の銀行に預け入れられた貨幣の何倍かの貨幣が貸し出されることになり，通貨量を増加させる。これを（ ① ）機能という。

　銀行をはじめとする市中金融機関が受け入れた預金のうち，その一部を支払準備として残すのは，中央銀行である（ ② ）へ，強制的に預金の一部を預け入れさせられるからである。中央銀行は，このしくみを利用して**C通貨量の調節**を行う。また，コール市場における銀行間の貸し借りの金利を（ ③ ）金利として誘導したり，**D市中金融機関との間で国債を売買する**方法も行われている。

- (1) ①〜③にあてはまる語句を選び，それぞれ記号で答えよ。
  - ア 長期金融市場　　イ 政策　　ウ 日本銀行　　エ 公定
  - オ 支払決済　　カ 信用創造
- (2) 下線Aが破綻した場合，預金者に対して預金のうち，1,000万円とその利息のみを保証する制度を何というか。
- (3) 下線Bについて，右の表のように，銀行aが，5,000万円の預金を受け入れ，支払準備率（預金準備率）を10％として企業に貸し出すとする。さらにこの資金は，取り引きを経た後，銀行bに預金される。銀行の支払準備率をすべて10％

銀 行	預 金	支払準備金	貸出金
a	5,000万円	500万円	4,500万円
b	4,500万円	450万円	4,050万円
c	4,050万円	405万円	3,645万円
⋮	⋮	⋮	⋮

  で一定とするとき，この過程が次々と繰り返された場合につくり出された銀行全体の貸出金の増加額として正しいものを選び，記号で答えよ。
  - ア 2億5,000万円　　イ 3億5,000万円
  - ウ 4億5,000万円　　エ 5億5,000万円
- (4) 下線Bに関連して，金融機関が貸し出した資金のうち，不況などの影響から回収が困難となった貸出金のことを何というか。
- (5) 下線Cについて，不況のとき，中央銀行は市中に流通する通貨量をどのように変化させる政策を行うか。
- (6) 下線Dの政策を何というか。

📖**ガイド**　(6) 買いオペレーションと売りオペレーションがある。

18 財政のしくみ

テストに出る重要ポイント ☆

財政のしくみ

① **財政**…政府が行う経済活動で，収入を**歳入**，支出を**歳出**という。

② **予算制度**…予算に国民の意思を反映させる財政民主主義に基づく。国の予算は一般会計・特別会計・政府関係機関予算に分けられる。**本予算・暫定予算・補正予算・財政投融資計画**が組まれる。

③ **財政の役割**…資源配分の調整(社会保障や公共財により市場の失敗を是正)，所得の再分配(累進課税制度，ナショナル・ミニマムの保障)，景気の安定化(**裁量的財政政策**〔フィスカル・ポリシー〕，景気の自動安定化装置〔ビルト・イン・スタビライザー〕)。近年は，財政政策と金融政策を一体化するポリシー・ミックスがとられている。

④ **租税**…歳入の中心で，租税法律主義に基づく。国税と地方税。直接税と間接税(戦後は**シャウプ**勧告によって直接税中心の制度がしかれる)。所得の多い人ほど負担が多い**垂直的公平**(累進課税の所得税など)と，所得が同じであれば負担も同じとする**水平的公平**(**逆進性**のある消費税など)がある。目的税による**応益負担**，累進課税による**応能負担**。

⑤ **公債**(**国債・地方債**)…財政収入の不足を補うための債券。財政法では発行が禁止されているが，特別立法により**特例国債**(赤字国債)を発行。

財政の課題

① **財政の硬直化**…歳入に占める国債発行額の割合(**国債依存度**)が上昇→歳出に占める国債費が上昇し，**基礎的財政収支**(プライマリー・バランス)が悪化。

② **巨額の財政赤字**…少子高齢化により税収が減少し，社会保障関係費が増大。**新型コロナウイルス感染症**への財政出動で戦後最高額の公債発行。

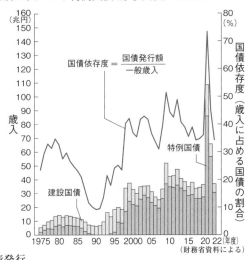

国債依存度 = 国債発行額 / 一般歳入

建設国債

特例国債

(財務省資料による)

③ **税制改革**…**社会保障と税の一体改革**で，消費税率の引き上げなどを定める。

基本問題 •• 解答 ➡ 別冊 *p.16*

解答 ➡ 別冊 *p.16*

できたらチェック。

76 財政のしくみ ◀テスト必出▶

次の各問いに答えよ。

□ (1) 政府が行う経済活動のうち，収入を何というか。

□ (2) 国の予算のうち，国会の審議・議決を経て新年度から実施される予算を何というか。

□ (3) 財投債や財投機関債などによって市場から調達される資金をもとに行われる投融資活動を何というか。

□ (4) 公共的な目的のために，政府が財政を手段として行う活動を何というか。

□ (5) 政府が社会保障や公共財によって，市場の失敗を是正することを何というか。

□ (6) 増税や公共事業の抑制が行われるのは，好況のときか，不況のときか。

□ (7) 財政制度の中に組み込まれている景気の自動安定化装置のことを，カタカナで何というか。

□ (8) 政府は事前に議会で議決された法律に基づいて課税しなければならないとする原則を何というか。

□ (9) 第二次世界大戦後にアメリカの租税調査団が出した，直接税中心の制度を推進する勧告を何というか。

□ (10) 所得税に取り入れられている，所得の増加にともなって税率も高くなる課税方法を何というか。

□ (11) 財政収入の不足を補うために国が発行する債券を何というか。

77 財政の課題

次の文中の〔　〕から正しい語句を選べ。

□ (1) 歳入・歳出のうち，公債に関わる部分を除いた収支を〔フィスカル・ポリシー　プライマリー・バランス〕という。

□ (2) 歳入に占める国債発行額の割合などが上昇し，財政の柔軟なはたらきが損なわれることを〔財政の硬直化　自己資本比率の低下〕という。

□ (3) 〔過密化　少子高齢化〕を背景として，歳出に占める社会保障関係費の割合が増加している。

□ (4) 社会保障と税の一体改革によって，〔酒税　消費税〕の税率が，2014年より8％，2019年には10％に引き上げられた。

📖 **ガイド**　(1) 公債金なしで歳出をまかなえるとき，この収支は均衡している。

標準問題 •••••••••••••••••••••••••••••• 解答 ➡ 別冊 *p.16*

78 ◀差がつく 次の文を読んで，あとの各問いに答えよ。

　財政が経済活動に対して果たす役割は，3種類に分けられる。第一に，（ ① ）は，市場を通じては十分に供給されにくい道路・港湾などの公共財を政府が供給したり，環境破壊などを回避するために規制を行ったりする機能である。第二に，（ ② ）は，所得格差を緩和するためにA累進的な課税，失業給付や生活保護などの支出を行うことを指す。第三に，（ ③ ）は，B景気停滞期には減税や歳出拡大を実施し，C景気加熱期には増税や歳出削減などを行う機能をいう。

　国家予算には，公共事業やD社会保障など，政府の一般行政に関わる財政活動の予算である一般会計と，特定事業を行ったり特定資金を運用・管理したりするための（ ④ ）がある。このほか，政府関係機関予算も国会に提出して，その承認を受けることとなっている。また，（ ⑤ ）計画は，政府の経済政策を補うものとして，予算とともに国会に提出され，その承認を受けることとなっている。

□ (1) ①～⑤にあてはまる語句を選び，それぞれ記号で答えよ。

　ア　景気の安定化　　イ　財政投融資　　ウ　所得の再分配

　エ　価値尺度　　オ　特別会計　　カ　資源配分の調整　　キ　交換の媒介

□ (2) 下線Aとは反対に，逆進的な性格をもつ税を選び，記号で答えよ。

　ア　法人税　　イ　相続税　　ウ　所得税　　エ　消費税

□ (3) 下線B・Cのような裁量的財政政策のことを，カタカナで何というか。

□ (4) 下線B・Cのうち，中央銀行の買いオペレーション（資金供給オペレーション）と一体となったポリシー・ミックスとして実施されるものはどちらか。

□ (5) 右のグラフは，日本の一般会計歳出の変化を示したものである。下線Dにあたる費目をア～エから選び，記号で答えよ。

□ (6) グラフ中の「国債費」について，過去に国債依存度が低下した時期を選び，記号で答えよ。

　ア　1970年代後半

　イ　1980年代半ば

　ウ　1990年代前半

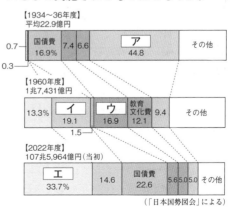

📖 ガイド　(6) 第1次石油危機やバブル崩壊の直後には，税収不足を補うための対策が行われた。

19 日本経済の発展

◉ 戦後の日本経済

① **戦争による被害と経済復興**…第二次世界大戦により破壊された生産基盤を立て直すため，石炭・鉄鋼・電力などの基幹産業に資金・資材・労働力を重点的に投入する**傾斜生産方式**をとる。その資金を得るため復興金融金庫（復金）を設立→**復金インフレ**を招く。

② **占領軍の経済政策**…連合国軍総司令部（GHQ）が経済安定9原則を示す。1ドル＝360円の単一為替レートの設定，課税強化などからなる**ドッジ・ライン**を実施し，インフレの収束と貿易振興による経済自立化をめざす→デフレーションと不況に陥る（**安定恐慌**）。**シャウプ勧告**によって税制を近代化。

③ **経済の民主化**…**財閥解体**（**独占禁止法**），**農地改革**，労働の民主化（**治安維持法**の廃止，労働三権の保障）。

④ **特需**…**朝鮮戦争**（1950〜53年）で米軍による物資調達→日本経済の復興→鉱工業生産が戦前水準を回復。

◉ 高度経済成長

① **高度経済成長**…1950年半ばから1970年代初めにかけて，年平均10％前後の実質経済成長率で成長を続ける→GNPが資本主義国第2位の「**経済大国**」となる。神武景気→岩戸景気→オリンピック景気→いざなぎ景気。

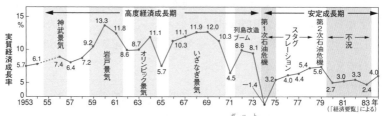

② **国際経済への復帰**…貿易・為替を自由化。GATT11条国（1963年），IMF8条国（1964年）に移行（IMF-GATT体制下で自由貿易推進）。OECD（経済協力開発機構）に加盟（1964年）。資本の自由化（1967年）。

③ **高度経済成長の要因**…国民の高い貯蓄率，企業の設備投資。「規模の経済」「集積の経済」の追求。**池田内閣**の「**国民所得倍増計画**」（1960年）。3C（クーラー・カラーテレビ・自動車）が普及し，大量消費社会が到来→**公害**の深刻化。

④ **安定成長**…1973年の第1次石油危機（**オイル・ショック**）により高度経済成長が終了→安定成長へ。

基本問題 •• 解答 ➡ 別冊 *p.17*

できたら チェック○

79 戦前・戦後の日本経済 ◀ テスト必出

次の空欄にあてはまる語句を，あとの〔　〕から選べ。

□ (1)　明治時代に官営工場を払い下げられた政商は，のちに（　　　）を形成した。

□ (2)　戦災で破壊された生産基盤を立て直す資金を得るため，復興金融金庫による融資が行われたが，復金（　　　）をもたらした。

□ (3)　GHQは1948年に（　　　）9原則を示した。

□ (4)　1949年には，単一為替レートの設定などからなる（　　　）が実施された。

□ (5)　労働の民主化として治安維持法が廃止され，（　　　）が保障された。

□ (6)　（　　　）による特需で，日本経済の復興は早まった。

〔　経済安定　　財閥　　労働三権　　ベトナム戦争　　インフレ
　朝鮮戦争　　デフレ　　ドッジ・ライン　〕

80 高度経済成長

次の各問いに答えよ。

□ (1)　1954〜57年に見られた大型景気を何というか。

□ (2)　高度経済成長の後期にあたる1965〜70年に見られた大型景気を何というか。

□ (3)　第二次世界大戦後の自由貿易を推進するための国際的枠組みを何というか。

□ (4)　生産設備を一定の地域に集中し，生産・流通費を節約することを何というか。

□ (5)　池田内閣が掲げた，国民所得を10年で倍加させる構想を何というか。

標準問題 •• 解答 ➡ 別冊 *p.17*

81 次の文を読んで，あとの各問いに答えよ。

　第二次世界大戦の終戦直後の日本経済は，工業生産が戦前の水準の約3割にまで低下していた。日本政府は，限られた資源を石炭・鉄鋼などの基幹産業に注いで生産の増加をはかる（　①　）方式を採用した。そのための巨額の資金は，全額政府出資の（　②　）（復金）によってまかなわれたが，インフレーションの原因となった。一方，日本を占領した連合国軍総司令部(GHQ)は，さまざまな経済民主化政策を推進した。これらの結果，一転してデフレーションにみまわれ，（　③　）恐慌といわれた深刻な不況に陥った。しかし，1950年に朝鮮戦争がおこると，米軍による多額の（　④　）が発生し，輸出が急増し，鉱工業生産は大幅に増加した。

□(1)　①〜④にあてはまる語句を選び，それぞれ記号で答えよ。

　　ア　復興金融金庫　　イ　国債　　ウ　傾斜生産　　エ　安定

　　オ　外貨　　カ　特需　　キ　均衡

□(2)　下線部におけるドッジ・ラインの政策にあてはまらないものを選び，記号で
　　答えよ。

　　ア　補助金の削減　　イ　復金債の発行停止

　　ウ　貯蓄優遇政策　　エ　単一為替レートの設定

📖**ガイド**　(1)②　1947〜52年の間，経済復興のための資金供給機関として機能した。

82　**◀差がつく**　次の文を読んで，あとの各問いに答えよ。

　1950年半ばから始まった（　①　）成長は，**A**1965年までの前半と，それ以後
B1973年までの後半に分けられる。この約20年間，**C**景気変動を繰り返しながら，
D実質経済成長率は世界にも例を見ない驚異的な伸びを示した。その結果，日本
のGNP（国民総生産）は資本主義諸国中第2位となり，「（　②　）大国」とよばれる
ようになった。この背景としては，急速に進められた技術革新をともなう（　③　）
工業化や，企業による活発な（　④　）投資，教育の普及・向上による質のよい労働
力の供給があげられる。また，国民が高い貯蓄性向をもっていたために，巨額の
（　④　）投資の財源となったことなど，さまざまな要因が考えられる。（　①　）成長
は日本経済を大きく成長させたが，一方で**E**マイナス面も目立つようになった。

□(1)　①〜④にあてはまる語句を選び，それぞれ記号で答えよ。

　　ア　保護　　イ　高度経済　　ウ　産業　　エ　重化学

　　オ　軽　　カ　設備　　キ　経済

□(2)　下線**A・B**の時期のできごとを2つずつ選び，それぞれ記号で答えよ。

　　ア　四大公害裁判の提訴　　イ　資本の自由化の実現

　　ウ　国民所得倍増計画の発表　　エ　GATT11条国への移行

□(3)　下線**C**について，次の大型景気を年代の古い順に並べよ。

　　ア　いざなぎ景気　　イ　神武景気

　　ウ　オリンピック景気　　エ　岩戸景気

□(4)　下線**D**の年平均成長率を選び，記号で答えよ。

　　ア　約5％　　イ　約10％　　ウ　約15％　　エ　約20％

□(5)　下線**E**にあてはまらないものを選び，記号で答えよ。

　　ア　物価の下落　　イ　都市の過密化

　　ウ　公害の増加　　エ　農山漁村の過疎化

20 産業構造の変化と日本経済の現状

● 高度経済成長後の日本経済

① **高度経済成長の終わり**…ニクソン・ショック（1971年）→変動為替相場制へ移行（1973年）→第4次中東戦争を機にOPEC（石油輸出国機構）が原油価格を4倍に引き上げ。第1次石油危機（オイル・ショック）（1973年）→スタグフレーション→安定成長へ転じ，**知識集約型産業**への転換を図る。

② **産業構造の高度化**…高度経済成長で**第二次産業**が伸長→1980年代には第二次産業も伸び悩み，**第三次産業**が伸長。知識・情報の生産が主となる経済のソフト化，サービス部門の比重が高まる経済のサービス化が進み**内需**主導型経済へ。

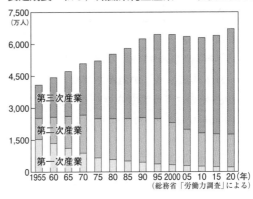

（総務省「労働力調査」による）

③ **日米経済摩擦**…アメリカに対する日本の貿易黒字が増大→日米構造協議→日米包括経済協議。

④ **経済のバブル化**…G5（先進5か国財務相・中央銀行総裁会議）におけるプラザ合意（1985年）でドル高是正→円高不況による産業の空洞化→ルーブル合意（1987年）で為替が安定→日本では新自由主義に基づく財政再建→バブル経済が加速→1991年にバブル経済が崩壊し，平成不況。

● 日本経済の現状

① **「失われた10年」**…企業はリストラクチャリング（事業の再構築），金融機関は**不良債権**を抱える。政府は財政赤字が増大。

② **構造改革**…小泉内閣が新自由主義に基づく「小さな政府」をめざし，構造改革特区の設置，「三位一体の改革」，郵政民営化，規制緩和，財政投融資改革，特殊法人改革などを進める→「格差社会」が問題化。

③ **経済の混乱**…金融の自由化により国際経済が不安定化。2008年，アメリカの**サブプライムローン問題**を発端に世界金融危機が発生。2011年，**東日本大震災**と福島第一原子力発電所の事故。安倍内閣の「**アベノミクス**」による経済立て直し。2020年から**新型コロナウイルス感染症**が世界的流行。

基本問題 ●●●●●●●●●●●●●●●●●●●●●●●●●●●●●●●●●● 解答 → 別冊 *p.17*

83 高度経済成長後の日本経済 ◀テスト必出

<small>できたらチェック。</small>

次の文中の〔　〕から正しい語句を選べ。

☐ (1)　第1次石油危機では，インフレーションと不況<small>ふきょう</small>が同時に進行する〔スタグフレーション　デフレスパイラル〕が発生した。

☐ (2)　1980年代になると，〔外需主導<small>がいじゅ</small>　内需主導<small>ないじゅ</small>〕型経済への転換が進められた。

☐ (3)　第一次産業→第二次産業→第三次産業へと産業の重心が移っていくことを，産業構造の〔空洞化<small>くうどうか</small>　高度化〕という。

☐ (4)　経済の〔ソフト化　サービス化〕により知識・情報の生産が経済の中心となる。

☐ (5)　日米経済摩擦<small>まさつ</small>を解決するため，1989 ～ 90年にかけて〔ウルグアイ・ラウンド　日米構造協議〕が開催された。

☐ (6)　1985年のプラザ合意をきっかけに，〔円高<small>えんだか</small>　円安<small>えんやす</small>〕不況がおこった。

☐ (7)　1980年代後半～ 90年代初頭まで，〔ブロック　バブル〕経済が続いた。

84 日本経済の現状

次の説明にあてはまる語句を答えよ。

☐ (1)　企業における事業の再構築のことをカタカナで何というか。

☐ (2)　2000年代前半に，構造改革を進めた首相は誰か。

☐ (3)　2008年の世界金融危機<small>きんゆう</small>の発端<small>ほったん</small>となった，アメリカの住宅ローンの不良債権化をめぐる問題を何というか。

標準問題 ●●●●●●●●●●●●●●●●●●●●●●●●●●●●●●●●●● 解答 → 別冊 *p.18*

85 ◀差がつく 次の文を読んで，あとの各問いに答えよ。

　日本経済は，1973年の第1次（ ① ）により，戦後最大の A 不況におそわれたものの，企業は（ ② ）型産業への転換などによってこれを克服<small>こくふく</small>し，再び上昇に転じた。その後の日本経済は，1985年のG5による（ ③ ）合意をきっかけに急速な円高が進み，B 円高不況とよばれる景気後退にみまわれた。しかし，技術革新や経営の合理化，政府の（ ④ ）拡大政策などによって不況を乗りこえ，C 1987 ～ 91年まで，バブル経済とよばれる長期の好況<small>こうきょう</small>を経験した。この時期には，株式・不動産などの利益を重視する傾向が見られた。しかし，1991年から株価・地価が大きく下落<small>げらく</small>し，長期の景気低迷に突入した。

□ (1)　①～④にあてはまる語句を選び，それぞれ記号で答えよ。

　　　ア　ルーブル　　イ　知識集約　　ウ　内需　　エ　規制緩和

　　　オ　石油危機　　カ　プラザ　　キ　金融危機　　ク　外需

□ (2)　下線Aと同時に進行した現象を選び，記号で答えよ。

　　　ア　物価下落　　イ　特需　　ウ　資産効果　　エ　物価上昇

□ (3)　下線Bの中で，企業は円高の影響を避けるため工場を海外に移転していった。
　　　これによって懸念された，国内産業の衰退を何というか。

□ (4)　下線Cにおける変化としてあてはまるものを選び，記号で答えよ。

　　　ア　バブル経済のさなか，太平洋沿岸に石油化学コンビナートが建設され，好
　　　　　景気が続く反面，環境汚染などの諸問題も深刻化した。

　　　イ　バブル経済の崩壊後，大量の不良債権を抱えた銀行が企業への貸し出しを
　　　　　抑制したことが，「貸し渋り」として批判された。

　　　ウ　バブル経済とともに，自動車や家電製品など生活関連の耐久消費財の価格
　　　　　が急激に上昇する「狂乱物価」とよばれる現象が生じた。

　　　エ　バブル経済の崩壊後，1990年代前半で，大規模な金融機関の経営破綻は
　　　　　終息した。

📖 ガイド　(3) 国内の雇用が失われたり，技術が継承されなくなるなどの弊害をもたらした。

86　次の文を読んで，あとの各問いに答えよ。

　バブル経済が崩壊した1990年代初め以降，日本はA長期の景気低迷にあえぐ
ことになった。その後，「B小さな政府」の考え方に基づく（　①　）改革の成果も
あり，日本経済は2002年以降，景気拡大の様相を見せたが，この好況は多くの
国民にとって実感をともなうものではなかった。その後，2008年には世界（　②　），
2011年には（　③　）大震災が発生し，日本経済は大きな混乱にみまわれた。

□ (1)　①～③にあてはまる語句を選び，それぞれ記号で答えよ。

　　　ア　農地　　イ　東日本　　ウ　構造　　エ　阪神・淡路

　　　オ　金融危機　　カ　恐慌

□ (2)　下線Aについて，1990年代の実質経済成長率は年平均1.5％にすぎなかった。
　　　約10年にわたるこの長期停滞のことを何というか。

□ (3)　下線Bについて，この考え方に基づく政策としてあてはまらないものを選び，
　　　記号で答えよ。

　　　ア　ゼロ金利政策　　イ　三位一体の改革

　　　ウ　特殊法人の統廃合　　エ　郵政事業の民営化

21 中小企業と農業

◉ 中小企業の問題

① **中小企業の地位**…企業数・従業員数では大企業をはるかに上回る。大企業の下請け・系列に入るものが多い→「景気の安全（調整）弁」としての役割。

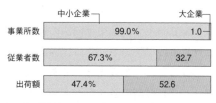

(2019年，製造業)　　（「日本国勢図会」2022/23年版による）

② **経済の二重構造**…中小企業は，大企業に比べて生産性・資本装備率・賃金などが低い。

③ **中小企業政策**…中小企業基本法（1963年）で二重構造の是正→1999年の改正で産業クラスターの構築を図る。

④ **中小企業の現状**…地場産業を担う。大企業が進出しにくいすきま分野のニッチ産業で，中小企業が活躍。ベンチャー・ビジネス，社会的企業，コミュニティ・ビジネスの展開。

◉ 農業と食料問題

① **農政の変化**…農地改革→農地法（1952年）で地主制の復活を防ぐ→農業基本法（1961年）で経営の大規模化・機械化による自立経営農家の育成をめざす→自立経営農家は増加せず→食料・農業・農村基本法（新農業基本法）（1999年）で農村を振興→農地法改正（2000年）で株式会社（農業生産法人）による農地取得を認める。**戸別所得補償制度**を導入し，小規模農家が農業を続けられる環境を整備。

② **日本の農業**…GDPに占める農業生産額の割合は約1％。主業農家が減少し，**副業的農家**が増加。経営規模が小さく，高齢化と後継者不足により**耕作放棄地**も増加。

③ **米作**…食糧管理制度の下，政府が農家から買い上げ→生産者米価が上昇→米余りから減反政策（1970〜2018年）を実施→食糧法（1995年）で自主流通米を認める→GATTのウルグアイ・ラウンドを受けて関税化（1999年）。

④ **食料自給率**…37％（カロリーベース，2020年度）で，主要先進国の中で最低水準。世界最大の**農産物純輸入国**。食料安全保障の面からも，自給率の引き上げが求められる。

⑤ **今後の農業政策**…流通の一体化。農業・農村の6次産業化。**トレーサビリティ**制度の確立。TPP11協定による農産物の関税削減に備える必要。

基本問題

解答 ➡ 別冊 p.18

87 中小企業の問題 テスト必出

できたらチェック。

次の文中の〔　〕から正しい語句を選べ。

□ (1)　中小企業は，大企業の〔親会社　下請け〕として生産活動を行っている。

□ (2)　中小企業と大企業の間の格差を，経済の〔二重構造　非対称性(ひたいしょうせい)〕という。

□ (3)　1963年の〔中小企業基本法　会社法〕の制定で，(2)の是正(ぜせい)が図られた。

□ (4)　大企業が進出しにくいすきま分野の〔ニッチ　メセナ〕産業で，中小企業が活躍している。

□ (5)　情報技術の分野では，未開拓の領域を切り開く〔ベンチャー・ビジネス　フィランソロピー〕を手がける中小企業が多い。

88 農業と食料問題

次の説明にあてはまる語句を答えよ。

□ (1)　1952年に制定された，地主制の復活を防ぐための法律は何か。

□ (2)　農村の復興をはかるため，1999年に制定された法律は何か。

□ (3)　農家数に占める割合が上昇している，農業以外の所得を主とする農家は何か。

□ (4)　生産者保護のため，米は政府が農家から買い上げるとしていた制度は何か。

□ (5)　1995年に制定され，農家や流通業者による自主流通米を認めた法律は何か。

ガイド　(3) 栽培作物の多角化が進まず，他の仕事との兼業を選ぶ農家が増えていった。

標準問題

解答 ➡ 別冊 p.18

89 次の文を読んで，あとの各問いに答えよ。

日本のA<u>中小企業</u>は，親企業を頂点としたピラミッド型の分業構造に取り込まれていた。しかし，1999年に(①)が改正され，その特色は変わりつつある。特に製造業について見ると，かつては親企業である大企業が下請け企業に対して役員派遣(はけん)や技術指導を行うことで(②)取り引きが維持(いじ)されてきた。一般に，下請けが生産した部品の価格は，納入(のうにゅう)先である大企業によって決定されることが多く，そのため大企業にとって中小企業は「景気の(③)」として位置づけられてきた。もともと日本には，地域密着型の(④)産業が多数存在する。しかし，その多くが厳しい状況におかれている。日本経済全体の成長のためには，B<u>新たな産業の担(にな)い手となる企業</u>の存在が求められている。

□ (1)　①〜④にあてはまる語句を選び，それぞれ記号で答えよ。

　　ア　安全(調整)弁　　イ　会社法　　ウ　信用　　エ　中小企業基本法
　　オ　系列　　カ　天井　　キ　地場　　ク　環境

□ (2)　2019年の製造業において，下線Aが全企業の事業所数に占める割合を選び，記号で答えよ。

　　ア　47.4%　　イ　67.3%　　ウ　90.1%　　エ　99.0%

□ (3)　下線Bの類例としてあてはまらないものを選び，記号で答えよ。

　　ア　コミュニティ・ビジネス　　イ　ベンチャー・ビジネス
　　ウ　かんばん方式　　エ　社会的企業

90　❰差がつく❱　次の文を読んで，あとの各問いに答えよ。

　日本の農業の特徴は，1戸あたりの平均耕地面積が約(①)ヘクタール未満の小規模零細経営が多いことである。これまで政府は1961年に(②)を制定するなどして，経営の合理化や自立経営農家の育成をはかってきた。しかし，重化学工業を中心とした高度経済成長以後，A就業人口や農家の数が年々減少し，国民所得に占める農業所得の割合も低下してきた。農村では，(③)農家の割合が減少している。政府は，食料を確保するため，米を中心とする食料の増産奨励と，そのための管理を進めてきた。1960年代後半には米が供給過剰となり，1970年から(④)政策による作付制限を行った。日本は，B食料供給を海外に依存しており，食料自給率は先進国の中でも最低水準である。食料(⑤)の観点からも食料自給率の向上が求められ，農業生産・加工・販売を一貫して行う　C　次産業化，TPP　D　協定の発効による農産物の関税削減への対応などが取り組まれている。

□ (1)　①〜⑤にあてはまる数字・語句を選び，それぞれ記号で答えよ。

　　ア　1　　イ　3　　ウ　副業的　　エ　減反　　オ　主業　　カ　農業基本法
　　キ　戸別所得補償　　ク　食料・農業・農村基本法　　ケ　安全保障

□ (2)　下線Aについて，2018年時点の農業就業者が全就業者に占める割合，下線Bについて，2020年度時点の食料自給率をそれぞれ選び，記号で答えよ。

　　ア　3%　　イ　16%　　ウ　29%　　エ　37%

□ (3)　二重下線部の「米」について，GATTのウルグアイ・ラウンドでの交渉の結果，1999年から米は□□□化された。□□□にあてはまる語句を答えよ。

□ (4)　C・Dにあてはまる適切な数字の組み合わせを選び，記号で答えよ。

　　ア　C−4　D−11　　イ　C−4　D−12
　　ウ　C−6　D−11　　エ　C−6　D−12

22 消費者問題

消費者問題

① **消費者主権**…消費者の購買行動が，生産のあり方を最終的に決定する。情報の非対称性などにより消費者主権が損なわれることで消費者問題が発生する。

② **消費者問題**…誇大広告や不当表示，欠陥製品，商品の安全性(有害商品，薬害)，悪質商法，価格操作・管理，安易な消費行動(右表)などによりおこる。

依存効果	企業の宣伝・広告だけで商品を購入する。
デモンストレーション効果	まわりの人が所有しているという理由だけで購入する。

③ **資金の貸借**…高金利の消費者金融によって多重債務を負い，**自己破産**に追いこまれる問題→貸金業法の制定，**グレーゾーン金利**の廃止。

④ **消費者の自立**…契約自由の原則の下，消費者にとって不利な交渉が行われないために，消費者の自立が必要。グリーン・コンシューマー運動が拡大。企業側も**トレーサビリティ**制度や**産地表示**などで，消費者の不安を解消。

⑤ **消費者運動**…消費者問題の解決・防止をめざす活動。**生活協同組合**などの**消費者団体**を結成→**エシカル(倫理的)**消費などへも活動を拡大。

消費者保護

① **消費者の四つの権利**…アメリカ大統領**ケネディ**が提唱。安全を求める権利，正確な情報を知る権利，商品を選ぶ権利，意見を聞いてもらう権利。

② **消費者政策**…消費生活センター(地方自治体)，国民生活センター(国)の設置。消費者保護基本法(1968年)で消費者保護の枠組み→**消費者基本法**(2004年)に改正され，消費者の自立の支援を理念とする。製造物責任法(PL法)(1994年)により**無過失責任制度**を定める。一定期間内であれば契約を解消できる**クーリング・オフ制度**を**特定商取引法**で拡大。消費者契約法(2000年)で消費者に不利益な契約を無効とする→2006年の改正で**消費者団体訴訟制度**を追加。消費者庁を設置(2009年)し，消費者行政を一元化するとともに，消費者安全法により自治体が商品の欠陥を消費者庁へ報告。

不実告知	事実と異なる説明をする。
断定的判断の提供	確実に判断しがたいことを断定的に言う。
不利益事実の不告知	不利益な部分を故意に説明しない。
不退去・監禁	帰らない，帰してくれない。

▲消費者契約法で解約の対象となる行為

基本問題 ………………………………………………… 解答 → 別冊 *p.19*

91 消費者問題

できたら
チェック。

次の説明にあてはまる語句を，あとの〔 〕から選べ。

☐ (1) 市場経済において，消費者の購買行動が企業の生産のあり方を最終的に決定すること。

☐ (2) 消費者が商品に関する情報を十分にもっていないこと。

☐ (3) 消費者が，まわりの人がもっているという理由だけで商品を購入する効果。

☐ (4) 借金の返済にあてるため，他の金融業者から借り入れることを繰り返したことによって積み上がった債務。

☐ (5) 食品などの商品が，どこで生産されたかを明示するしくみ。

〔 デモンストレーション効果　　関税化　　多重債務　　消費者主権
消費者行政　　情報の非対称性　　産地表示　　依存効果 〕

📖 ガイド (5) 飲食店が提供する食品の産地偽装がたびたび問題となっている。

92 消費者保護 ◀テスト必出

次の文中の〔 〕から正しい語句を選べ。

☐ (1) ケネディ大統領は消費者の四つの権利として，〔対等　安全〕を求める権利，正確な情報を知る権利，商品を選ぶ権利，意見を聞いてもらう権利を唱えた。

☐ (2) 地方の消費者行政を担うため，〔国民生活センター　消費生活センター〕が設けられている。

☐ (3) 消費者保護基本法は2004年に〔消費者基本法　消費者契約法〕へと改正され，消費者の自立の支援を理念に掲げた。

☐ (4) 1994年に制定された〔製造物責任法　消費者安全法〕では，欠陥商品によって消費者が被害を受けた際の企業の無過失責任が定められた。

☐ (5) 訪問販売や電話勧誘などで商品を購入した場合，一定期間内であれば売買が成立したあとでも買い手側から無条件に契約を取り消すことができる制度を〔トレーサビリティ制度　クーリング・オフ制度〕という。

☐ (6) 消費者契約法で定められた，契約を解除できる事例のうち，事実と異なる説明をした場合のことを〔不実告知　不利益事実の不告知〕という。

☐ (7) 国が認めた消費者団体が，立場の弱い被害者に代わって訴訟をおこす〔消費者団体訴訟　裁判員〕制度が設けられている。

☐ (8) 2009年，消費者行政を一元化するため〔金融庁　消費者庁〕が設置された。

標準問題 ·························· 解答 ➡ 別冊 *p.19*

93 ❮差がつく❯ 次の文を読んで，あとの各問いに答えよ。

　大量生産を行う現代の企業は，マスメディアを通じた A 広告・宣伝活動で消費者の購買意欲をそそる。その結果，消費者は企業が生産する商品を受け取るだけの立場になりがちで，B 欠陥商品や薬害などの問題が発生する土壌を生んだ。1960年代後半になると，C 消費者の権利を主張する運動がさかんになった。政府もその動きに応じて，1968年に（ ① ）を制定し，情報提供や苦情処理のため，国に（ ② ）を設置するなど，D 消費者行政を進めた。また，訪問販売や通信販売，キャッチセールなどによる被害が広がると，E クーリング・オフ制度が設けられた。現代は，商品やサービスの購入にクレジットカードや割賦販売が利用されることが多い。しかし，返済能力をこえた契約でかえって生活が困窮し，（ ③ ）に追いこまれる人が増えている。このことから，商品についての十分な知識をもち，F 自主的・合理的な判断のできる賢い消費者になることが必要である。

（1）①〜③にあてはまる語句を選び，それぞれ記号で答えよ。

　ア　財政の硬直化　　イ　消費者基本法　　ウ　消費者保護基本法
　エ　消費生活センター　　オ　自己破産　　カ　国民生活センター

（2）下線Aについて，消費者が企業の広告・宣伝をうのみにして商品を買おうとする行動を何というか。

（3）下線Bについて，製造物責任法（PL法）においては製品に欠陥があるという事実のみで損害賠償を請求できる。この制度を何というか。

（4）下線Cについて，1960年代にアメリカ大統領ケネディが唱えた消費者の権利にあてはまらないものを選び，記号で答えよ。

　ア　意見を聞いてもらう権利　　イ　商品を選ぶ権利
　ウ　賠償を受ける権利　　エ　安全を求める権利

（5）下線Dについて，次の各問いに答えよ。

　ⓐ　2000年に制定された，消費者に不利益を与える不当な行為に基づく契約を無効とした法律を何というか。

　ⓑ　消費者行政の一元化のため，2009年に設置された省庁は何か。

（6）下線Eはどのような制度か，簡単に説明せよ。

（7）下線Fについて，近年は地域や将来世代にとってよいものかどうかを考えて商品を選択する消費行動が唱えられている。これを何というか。

📖ガイド　（4）フォード大統領は，「消費者教育を受ける権利」を五つ目の権利として追加した。

23 公害防止と環境保全

◉ 公害問題

① **公害**…大気汚染・水質汚濁・土壌汚染・騒音・振動・地盤沈下・悪臭に分類。その要因により産業公害・都市公害・消費生活公害などに分けられる。

② **日本の公害**…明治時代の**足尾銅山鉱毒事件**。高度経済成長期の四大公害（新潟水俣病・四日市ぜんそく・イタイイタイ病・水俣病）→原告全面勝訴。

③ **公害対策**…公害対策基本法（1967年），公害対策関連14法（1970年），環境庁（現在の環境省）の設置（1971年），公害健康被害補償法（1973年），地方公共団体の公害防止条例→環境基本法（1993年）をもとに環境基本計画を策定。環境影響評価法（1997年）で環境アセスメント（**環境影響評価**）を推進。

④ **公害規制**…企業に対する，**汚染者負担の原則**（PPP），**無過失責任制度**，有害物質の排出量規制措置（濃度規制と総量規制）。経済的措置として，環境税と排出量取引による温暖化の抑制。

⑤ **循環型社会への転換**…循環型社会形成推進基本法（2000年）→**拡大生産者責任**（EPR）を導入。廃棄物の減量化や資源の有効利用をめざす3R運動。ゼロ・エミッション社会の推進。

◉ 地球規模の環境問題

① **国際的な取り組み**…1972年，国連人間環境会議で「人間環境宣言」の採択→国連環境計画（UNEP）発足。**ラムサール条約**（1971年），**ワシントン条約**（1973年），**バーゼル条約**（1989年），国連環境開発会議（地球サミット，1992年）で「**持続可能な開発**」の宣言，「**アジェンダ21**」，生物多様性条約，気候変動枠組み条約の採択。**環境・開発サミット**（2002年）。

② **さまざまな地球環境問題**…フロンガスによるオゾン層の破壊→モントリオール議定書（1987年）。窒素酸化物や硫黄酸化物が原因となる酸性雨。熱帯林破壊による砂漠化。

③ **地球温暖化**…京都議定書（1997年）で先進国に**温室効果ガス**の排出削減を義務づけ，**排出量取引**や**クリーン開発メカニズム**（CDM）を導入。パリ協定（2015年）で発展途上国を含む排出削減を義務づけ，**二国間クレジット制度**（JCM）を採用→脱炭素をめざす。

④ **国際的な目標**…国際連合は2001年の**ミレニアム開発目標**（MDGs）を経て，2015年に持続可能な開発目標（**SDGs**）を採択し，環境をはじめ2030年までに達成すべき17の目標を掲げる。

基本問題 •• 解答 ➡ 別冊 *p.20*

94 公害問題 ◀テスト必出

次の空欄にあてはまる語句を答えよ。

☐ (1) 公害は，（　　　）・水質汚濁・土壌汚染・騒音・振動・地盤沈下・悪臭に分類
される。

☐ (2) 高度経済成長期には，新潟水俣病・（　　　）・イタイイタイ病・水俣病の四大
公害が問題となった。

☐ (3) 1971年に設置された環境庁は，その後の省庁再編により（　　　）となった。

☐ (4) 1993年には，公害対策基本法と自然環境保全法を統合して，（　　　）が制定
された。

☐ (5) 開発にあたって，自然環境に与える影響を事前に調査・評価することを（　　　）
という。

☐ (6) 公害の発生源となる事業者などが，公害の防止，被害者救済にかかる費用を
負担すべきであるとする「（　　　）の原則」（PPP）が導入されている。

☐ (7) 汚染物質の規制については，総排出量を定め，全企業の総排出量がその基準
をこえないようにする（　　　）の方法がとられている。

☐ (8) ある産業で排出された廃棄物を他の産業の資源として利用するなど，廃棄物
の排出量がゼロとなる（　　　）社会をめざして，3R運動などが展開されている。

☐ (9) 2000年には，循環型社会をめざして（　　　）が制定された。

95 地球規模の環境問題

次の文中の下線部が正しいものには○を，誤っているものには正しい語句を答
えよ。

☐ (1) 水鳥の生息地として国際的に重要な湿地を保護するため，ワシントン条約が
結ばれた。

☐ (2) 京都議定書で，先進国の温室効果ガス排出量の削減目標が決定した。

☐ (3) モントリオール議定書によって，酸性雨の原因物質が規制された。

☐ (4) 1972年，国際連合は人間環境宣言の実現のため，国連環境計画（UNEP）の
設置を決議した。

☐ (5) 生物資源の持続的な利用を図るため，気候変動枠組み条約が結ばれた。

☐ (6) 国連環境開発会議（地球サミット）において，「アジェンダ21」が採択された。

☐ (7) 国際連合は2030年までに達成すべき持続可能な開発目標（SDGs）を採択した。

標準問題 •••••••••••••••••••••••••••••••••••• 解答 ➡ 別冊 *p.20*

96 次の文を読んで，あとの各問いに答えよ。

1960年代後半に，**A**公害批判の世論が高まると，1967年に生活環境の保全を目的とした（ ① ）が制定され，1971年には**B**国の公害防止行政の中心となる（ ② ）が設置された。さらに，公害に対する企業の責任については，過失の有無にかかわらず責任が問われる（ ③ ）の制度化とともに，（ ④ ）負担の原則（PPP）が広く社会的に認められるようになってきた。また，開発の計画に際して，自然環境への影響を事前に予測・評価する（ ⑤ ）の実施を進めるとともに，廃棄物を出さない**C**ゼロ・エミッション社会の実現がめざされている。

□ (1) ①〜⑤にあてはまる語句を選び，それぞれ記号で答えよ。

　　ア　被害救済　　イ　汚染者　　ウ　環境庁　　エ　総量規制

　　オ　環境省　　カ　無過失責任　　キ　公害対策基本法

　　ク　環境アセスメント(環境影響評価)　　ケ　公害健康被害補償法

□ (2) 下線**A**について，水俣病の公害原因を選び，記号で答えよ。

　　ア　振動　　イ　地盤沈下　　ウ　大気汚染　　エ　水質汚濁

□ (3) 下線**B**について，これまで4次にわたる計画が策定された，環境保全を総合的・計画的に推進するための計画を何というか。

□ (4) 下線**C**に関連して，資源の再利用をはかるための3R運動を構成する3つの行動をそれぞれ答えよ。

97 次の文を読んで，あとの各問いに答えよ。

国際社会で環境問題が初めて正面から取り上げられたのは，1972年に開かれた（ ① ）においてである。この会議で採択された宣言は，環境保護を基本的人権と結びつけた点で意義を有する。その20年後の1992年に開催された（ ② ）では，地球環境問題に対する国際社会の対応に最大の関心が向けられた。この会議の成果として，「リオ宣言」とその行動計画である「（ ③ ）」，気候変動枠組み条約と生物多様性条約の2つの条約，および「**A**森林原則声明」などが採択された。「リオ宣言」では，**B**将来の世代がその必要を満たす能力を害することなく，現在の世代がその必要を満たす発展が必要であると示された。地球温暖化の防止に関しては，気候変動枠組み条約の下で，1997年に（ ④ ）が採択され，2005年に発効した。これにより，発展途上国以外の**C**締約国は，温室効果ガスの排出削減が国別に義務づけられた。

□ (1) ①〜④にあてはまる語句を選び，それぞれ記号で答えよ。

　　ア　国連環境開発会議（地球サミット）　　イ　モントリオール議定書

　　ウ　ヨハネスブルク会議　　エ　京都議定書

　　オ　国連人間環境会議　　カ　アジェンダ21

□ (2) 下線Aに関連して，森林伐採や過剰な家畜放牧などによって不毛の土地が広

　　がることを何というか。

□ (3) 下線Bの概念を何というか。

□ (4) 下線Cについて，世界最大級の温室効果ガス排出国であるが，発効前に④か

　　ら離脱した先進国を選び，記号で答えよ。

　　ア　アメリカ　　イ　イギリス　　ウ　日本　　エ　ロシア

　　📖ガイド　(4) 2015年採択のパリ協定にはこの国も批准した。

98 《差がつく》 次の各問いに答えよ。

□ (1) 環境アセスメントの手続きなどについて定めた環境影響評価法よりも前に制

　　定された日本の環境問題に関する法律を選び，記号で答えよ。

　　ア　自動車リサイクル法　　イ　環境基本法

　　ウ　循環型社会形成推進基本法　　エ　水俣病被害者救済法

□ (2) 循環型社会について誤って説明したものを選び，記号で答えよ。

　　ア　循環型社会形成とは，大量生産・大量消費・大量廃棄社会から，省資源・

　　　廃棄物ゼロの循環型社会への転換を目的としたものである。

　　イ　循環型社会とは，ごみの減量化や資源の有効利用をめざした社会をいう。

　　　容器包装リサイクル法など，さまざまなリサイクル法が制定されている。

　　ウ　循環型社会とは，ごみを出さない，出たごみは資源として利用する，利用

　　　できないごみは適正に処理することを徹底した社会である。

　　エ　ゼロ・エミッションの下では資源が循環することはないため，各種リサイ

　　　クルは不要になる。

□ (3) 次のア〜カの中から，国連環境開発会議のあとにおこった事例を選び，それ

　　らを年代順に並べよ。

　　ア　京都議定書の発効　　イ　ワシントン条約の採択

　　ウ　生物多様性条約第10回締約国会議の日本での開催

　　エ　環境・開発サミットの，南アフリカ共和国での開催

　　オ　モントリオール議定書の採択

　　カ　気候変動枠組み条約第3回締約国会議の，日本での開催

24 雇用と労働問題

◉ 労働問題の発生

① **契約自由の原則**…資本家（企業）と労働者は本来対等な労働契約を結ぶ。

② **世界の労働運動**…**機械打ちこわし運動**（ラダイト運動）→労働組合の結成→第1・第2インターナショナル→国際労働機関（ILO）設立（1919年）。

③ **日本の労働運動**…**労働組合期成会**（1897年）→**工場法**（1911年）→第二次世界大戦後労働者の基本的権利を保障→全国組織の**総評**（日本労働組合総評議会）・**同盟**（全日本労働総同盟）結成→**連合**（日本労働組合総連合会）・**全労連**（全国労働組合総連合）・**全労協**（全国労働組合連絡協議会）。

◉ 労働基本権の確立

① **労働三権**（**労働基本権**）…日本国憲法（第28条）で**団結権・団体交渉権・団体行動権**（**争議権**）を規定。

② **法整備**…**労働三法**（労働組合法・労働関係調整法・労働基準法）。**労働審判法**で労働審判制度を創設。**労働契約法**で解雇などのルールを規定。

労働組合法（1945年）	労働者の労働協約の締結・争議行為などを保障し，使用者の不当労働行為を禁止。正当な争議行為に対しては，刑事上・民事上の免責特権を認める。
労働関係調整法（1946年）	労働関係の公平な調整，労働争議の予防・解決をはかる→労働委員会による斡旋・調停・仲裁などで調整。公益事業に対する争議には緊急調整。
労働基準法（1947年）	賃金・労働時間など，労働条件の最低基準を規定。最低賃金法・労働安全衛生法などが分離独立。

◉ 雇用環境の変化

① **日本的経営方式**…**終身雇用・年功序列賃金・企業別組合**→近年は職能給・能力給・フレックスタイム制・裁量労働制が増える。

② **不安定な雇用**…企業の**リストラクチャリング**で非正規労働者が拡大。**労働者派遣法**により，**パートタイマー・契約社員・派遣労働者**が増加。

③ **労働条件**…購買力平価ではかる実質賃金は伸び悩む。同一労働同一賃金をめざす。**ワーキングプア・フリーター・ニート**（NEET）が社会問題化。

④ **労働時間**…労働時間が長く，**サービス残業**，過労死などが問題化。

⑤ **働く機会の保障**…**ワークシェアリング**などにより**ワーク・ライフ・バランス**の実現をめざす。**男女雇用機会均等法，育児・介護休業法，高年齢者雇用安定法，障害者雇用促進法，女性活躍推進法，働き方改革関連法**を整備。出入国管理法の改正により外国人労働者の受け入れ。

基本問題 ·· 解答 ➡ 別冊 *p.21*

99 労働問題と労働者の権利 ◀テスト必出

でき たら チェック。

労働問題に関する右の年表を見て，次の各問いに答えよ。

☐ (1) 第1(**A**)・第2(**A**)は，社会主義者の
下に結成された国際的労働者組織である。
A に共通してあてはまる語句を答えよ。

☐ (2) **B** に共通してあてはまる語句を答えよ。

☐ (3) **C** の機関の略称を答えよ。

☐ (4) **D** によってすべて解散させられた労働者
の組織を何というか。

☐ (5) **E** において，使用者が労働者の団結権を
侵害したりする行為は禁じられている。こ
のような行為を何というか。

☐ (6) **F** において，労使紛争の予防や解決にあ
たるとされた機関を何というか。

1811年	ラダイト運動*
1864年	第1(**A**)*
1889年	第2(**A**)*
1897年	労働組合期成会
1900年	(**B**)警察法
1911年	工場法
1919年	国際労働機関*············C
1925年	(**B**)維持法
1940年	大日本産業報国会·········D
1945年	労働組合法···············E
1946年	労働関係調整法···········F
1947年	労働基準法···············G

*は世界のできごと。それ以外は日本のできごと。

☐ (7) **G** において，労働時間は1日(）時間，1週間40時間をこえてはならない
とされている。(）にあてはまる数字を答えよ。

100 雇用環境と社会参加

次の各問いに答えよ。

☐ (1) 日本的経営方式のうち，勤続年数にしたがって給料や地位が上がる方式を何
というか。

☐ (2) 企業の人員整理をふくむ，事業の再構築のことを何というか。

☐ (3) 契約社員・パートタイマーなど，正規雇用以外の雇用を何というか。

☐ (4) 労働者派遣事業者に雇用され，契約に基づいて各事業所などに派遣される労
働者を何というか。

☐ (5) 働き方改革により実現が図られている，同一の労働に対して時間単位の賃金
を同一にするという原則を何というか。

☐ (6) 就業・就学の意志がない若者を何というか。

☐ (7) 従業員1人あたりの労働時間を減らすことによって，全体の雇用を増やそう
とする考え方を何というか。

📖 *ガイド* (5) 休暇などの福利厚生に関しても待遇差の解消が求められている。

標準問題 •• 解答 ➡ 別冊 *p.21*

101　**≪ 差がつく**　次の文を読んで，あとの各問いに答えよ。

　日本国憲法では，第27条で国民の勤労権と勤労の義務を示し，第28条で労働者に団結権・（ ① ）・A団体行動権（争議権）を保障している。これらの権利を具体的に保障するために，1945〜47年にいわゆる労働三法が制定された。その結果，労働者はB労働組合を結成し，使用者との間で（ ② ）が結ばれ，労働者の立場が保護されるようになった。一方，C女性労働者の割合は今では4割をこえているが，これには法的整備が果たした役割も大きい。第4条で男女同一賃金の原則をうたうD労働基準法は，女性の時間外労働や深夜業の規制を緩和（かんわ）してきた。1985年には，（ ③ ）も制定された。また，E家庭と仕事の両立を助ける（ ④ ）は，育児や介護（かいご）のために休業することを男女ともに認めている。なお，日本的経営方式の特徴（とくちょう）の1つとされた（ ⑤ ）の慣行（かんこう）も揺らぎ始めている。この慣行の下（もと）では，1つの会社に就職すると定年退職するまで同じ会社に勤めることができたが，今後はこれを享受（きょうじゅ）できる人の数は減少していく可能性が高い。

〔できたらチェック〕

□(1)　①〜⑤にあてはまる語句を選び，それぞれ記号で答えよ。

　　ア　育児・介護休業法　　イ　男女共同参画（さんかく）社会基本法
　　ウ　労働審判制度　　エ　終身（しゅうしん）雇用（こよう）　　オ　団体交渉（こうしょう）権
　　カ　男女雇用機会均等法　　キ　障害者雇用促進（そくしん）法　　ク　労働協約

□(2)　下線Aについて，正当な争議行為に対しては，刑事上・民事上の（　　）特権が認められ，処罰の対象（たいしょう）とならない。（　　）にあてはまる語句を答えよ。

□(3)　下線Bについて，現在の日本で多い労働組合の形態を選び，記号で答えよ。

　　ア　企業別組合　　イ　職能別組合　　ウ　産業別組合

□(4)　下線Cの労働力人口が生産年齢人口に占める割合は，右のグラフのような年齢別分布を示す。▨▨▨部分の割合が低下している原因を，簡単に説明せよ。

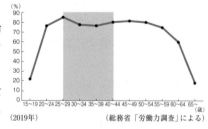

(2019年)　　　　　　　　（総務省「労働力調査」による）

□(5)　下線Dから分離独立した法律で，賃金の最低限の水準を地域別・産業別に定めたものは何か。

□(6)　下線Eに関連して，生活と仕事が調和した社会をめざす理念を何というか。

　📖 **ガイド**　(4) 欧米の先進国では女性の雇用環境が充実（じゅうじつ）しており，この年齢層の労働力率はあまり低下していない。

25 社会保障と福祉

◉ 社会保障制度の発展

① **世界の社会保障制度**…イギリスの**エリザベス救貧法**(公的扶助)→ドイツの**疾病保険法**(「アメとムチ」)→イギリスの**国民保険法**(失業保険)→ドイツの**ワイマール憲法**(生存権)→アメリカの**連邦社会保障法**(公的扶助＋社会保険)→イギリスのベバリッジ報告(「ゆりかごから墓場まで」ナショナル・ミニマムの保障)→国際労働機関(ILO)のフィラデルフィア宣言(社会保障の国際的原則)。

② **日本の社会保障制度**…日本国憲法第25条で生存権を規定。1960年代前半に国民皆保険・国民皆年金が実現。

◉ 日本の社会保障制度

① **社会保険**…医療保険・**雇用保険**・年金保険・**労災保険**・介護保険。年金は国民年金と厚生年金の二階建て(修正積立方式から賦課方式へ)。

② **公的扶助**…生活保護法をもとに，生活・教育・住宅・医療・出産・生業・葬祭・介護の8種類の扶助。そのほか，**児童手当**などもある。

③ **社会福祉**…児童・高齢者・心身障害者などに対してサービスや手当，施設を提供。福祉六法を定める。**措置制度から利用契約制度へ**変化。

④ **公衆衛生**…国民全体の健康増進や環境衛生の改善。**地域保健法**によって，**保健所**や**保健センター**を各地方自治体に設置。

◉ 社会保障制度の現状と課題

① **少子高齢化**…合計特殊出生率がいちじるしく低く，人口減少社会に突入。少ない働き手で多くの高齢者を支えていかなければならない→税収の伸びが社会保障関係費の増大に追いつかず財政を圧迫。

② **社会保障制度の課題**…北欧諸国と比べると保障水準が低い。負担や給付に格差がある。

③ **社会保障制度の種類**…財源と給付方式から見ると北欧型(イギリスなど)・大陸型(フランスなど)とその混合型(日本)。

④ **高齢化への対応**…介護保険制度の導入。訪問介護・ショートステイ・デイサービスの充実。医療保険に後期高齢者医療制度を導入。バリアフリー・ノーマライゼーションの実現。ユニバーサルデザインに基づく生活関連社会資本の整備。地方自治体による地域包括ケアシステムの構築。

基本問題 ·· 解答 ➡ 別冊 *p.22*

102 社会保障制度の成立

できたらチェック✓

次の文中の〔　〕から正しい語句を選べ。

- □ (1)　〔ドイツ　アメリカ〕で，1883年にビスマルクが疾病保険法を制定した。
- □ (2)　イギリスでは，1942年に〔アジェンダ21　ベバリッジ報告〕が出され，「ゆりかごから墓場まで」という社会保障の基礎を築いた。
- □ (3)　〔世界保健機関　国際労働機関〕は1944年にフィラデルフィア宣言を発表し，社会保障の国際的原則を示した。
- □ (4)　日本では，〔健康保険法　日本国憲法〕において初めて生存権が規定された。
- □ (5)　疾病や負傷のときに医療費などを給付するものを〔医療保険　雇用保険〕という。
- □ (6)　〔労災保険　介護保険〕は，寝たきりや認知症などの人にサービスを行う制度である。
- □ (7)　生活・教育・住宅・医療・出産・生業・葬祭・介護の面で困窮する人を救済する制度を〔公的扶助　社会福祉〕という。
- □ (8)　疾病の予防，衛生教育などによって，健康や環境衛生の推進をはかる制度を〔社会保険　公衆衛生〕という。

103 社会保障制度の現状と課題 ◀テスト必出

次の各説明について，正しいものには○，誤っているものには×と答えよ。

- □ (1)　日本の合計特殊出生率は，先進国の中では高い方である。
- □ (2)　少子高齢化が進むと，税収が減少する一方で社会保障関係費が増大する。
- □ (3)　日本の社会保障制度は，北欧諸国と比べると保障水準が低い方である。
- □ (4)　20〜60歳の全員が加入する年金を厚生年金保険という。
- □ (5)　大陸型の社会保障制度では，社会保障の財源を租税によってまかない，全国民を対象として平等に給付を行っている。
- □ (6)　一定期間に支給する年金を，その期間の保険料でまかなう方式を，賦課方式という。
- □ (7)　老人医療費の増大に対応するため，75歳以上も健康保険や国民健康保険の対象に含める後期高齢者医療制度へと切り替えられた。
- □ (8)　高齢者や障害者も，社会の中で他の人々と同じように生活することができるようにする考え方をユニバーサルデザインという。

標準問題 •• 解答 ➡ 別冊 *p.22*

104 次の文を読んで，あとの各問いに答えよ。

　資本主義諸国の中で「社会保障」の言葉が初めて公式に使われたのは，アメリカでニューディール政策の一環として1935年に制定された（　①　）においてである。包括的な社会保障の整備は，第二次世界大戦後になって各国で進められた。特に戦時中の1942年に**A**ベバリッジ報告を発表したイギリスでは，「（　②　）」といわれる社会保障制度の創設が計画され，終戦後に具体化された。国際的には，ILOが1944年に（　③　）宣言を採択し，社会保障理念の普及に大きな役割を果たした。また，国連総会は1948年に世界人権宣言を採択し，すべての人に「**B**健康及び福祉に十分な生活水準を保持する権利」があることを確認した。

□ (1)　①〜③にあてはまる語句を選び，それぞれ記号で答えよ。

　　ア　ワイマール　　イ　フィラデルフィア　　ウ　ゆりかごから墓場まで
　　エ　連邦社会保障法　　オ　エリザベス救貧法　　カ　疾病保険法

□ (2)　下線**A**で示された社会保障制度の3原則にあてはまらないものを選び，記号で答えよ。

　　ア　ナショナル・ミニマムの保障　　イ　貧困者への慈善的救済
　　ウ　全国民対象の包括給付　　エ　給付・拠出の均一主義

□ (3)　下線**B**で示された，社会権にふくまれる基本的人権を何というか。

　📖ガイド　(2) 社会保険・公的扶助などを柱として，一生を通じた最低限度の生活の保障を目指した。

105 ◀差がつく　次の文を読んで，あとの各問いに答えよ。

　わが国の社会保障制度は**A**社会保険・**B**社会福祉・**C**公的扶助・**D**公衆衛生の4つの分野からなる。わが国初の社会保険は1922年に創設された健康保険法であり，その対象は一部の労働者に限定されていた。第二次世界大戦後，日本国憲法に明記された第（　①　）条の理念に基づき，社会保障制度の整備・拡充が推進されていった。たとえば，1950年には，旧法（1946年制定）を全面改定し，新しい（　②　）が制定され，公的扶助を8つの制度に分類した。また，1961年には（　③　）が実現し，1973年には70歳以上対象の老人医療費無料化等の社会保障改革が実行され，「福祉元年」とよばれた。その後は，**E**少子高齢化が進展する中，介護の負担を軽減するため**F**介護保険制度が創設されたり，75歳以上の人々の医療に（　④　）が導入されるなどの社会保障改革が行われてきた。

☐ (1) ①〜④にあてはまる語句・数字を選び，それぞれ記号で答えよ。

　　ア　後期高齢者医療制度　　イ　生活保護法　　ウ　13　　エ　25

　　オ　確定拠出型　　カ　国民皆保険・国民皆年金　　キ　利用契約

☐ (2) 下線Aのうち，保険料が被保険者・事業主・国の三者によって負担されている制度としてあてはまらないものを選び，記号で答えよ。

　　ア　労災保険　　イ　年金保険　　ウ　雇用保険　　エ　医療保険

☐ (3) 下線Bについて，福祉六法にふくまれないものを選び，記号で答えよ。

　　ア　児童福祉法　　イ　身体障害者福祉法

　　ウ　知的障害者福祉法　　エ　社会福祉法

☐ (4) 下線Cについて，わが国の生活保護にあてはまるものを選び，記号で答えよ。あてはまるものがない場合には，オと答えよ。

　　ア　生活保護の受給者数は，1995年以来，減少傾向にある。

　　イ　路上生活者には，生活保護の受給資格が認められていない。

　　ウ　生活保護の財源は，社会保険料と税でまかなわれている。

　　エ　生活保護では，報酬比例給付が行われている。

☐ (5) 下線Dについて，地方自治体の保健所や保健センターは，何という法律に基づいて設置されているか。

☐ (6) 下線Eについて，人口構成がかたより，2020年には（　　）人の働き手で1人の高齢者を支えていた。（　　）にあてはまる数字を選び，記号で答えよ。

　　ア　1.4　　イ　2.0　　ウ　5.6　　エ　8.2

☐ (7) 下線Fについて，わが国の介護保険にあてはまるものを選び，記号で答えよ。あてはまるものがない場合には，オと答えよ。

　　ア　介護保険の加入者は75歳以上の全国民である。

　　イ　介護保険には現金給付制度があり，要介護者の家族を対象に，要介護度に応じた介護報酬が支給される。

　　ウ　介護保険は一部を国と地方公共団体が負担し，半分が被保険者の保険料でまかなわれている。

　　エ　介護保険で利用できるものは，訪問介護・デイサービス・ショートステイなどの在宅サービスであり，施設サービスは適用除外となっている。

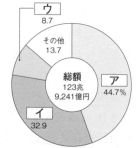

☐ (8) 右のグラフは，わが国の社会保障給付費の内訳（2019年度）を示し，ア〜ウは医療・介護・年金のいずれかにあたる。年金にあたるものをア〜ウから選び，記号で答えよ。　（「日本国勢図会」2022/23年版による）

26 現代日本の諸課題

標準問題 •••••••••••••••••••••••••••••• 解答 ➡ 別冊 *p.22*

106 地方自治の改革

次の文を読んで，あとの各問いに答えよ。

地方自治は，「A民主主義の学校である」といわれる。なぜなら，人々が身近な地域でさまざまな問題に対処していくことを通じて，民主政治の営みに必要な能力や技術を習得することが期待されるからである。日本では，地方自治法において，住民自治と（ ① ）という2つの側面が強調される。特に住民自治の関係で注目されるものとして，国政では認められていない地方自治における住民の権利であるB直接請求権がある。

2000年代前半には，地域それぞれの自律性や独自性の確保が重視されるようになり，地方分権改革が進められた。2000年に施行されたC地方分権一括法では，国と地方との関係の転換がめざされた。また，地域特有の問題にそれぞれの地域で対処し，各地域で独自のサービスを提供するためには，地方公共団体には十分な財源が必要となる。しかし，かつては「三割自治」といわれたように，地方税をはじめとする（ ② ）財源は乏しい。このような状況を改善するため，財政面から地方分権を推し進める「D三位一体の改革」が行われた。

□ (1) ①・②にあてはまる語句をそれぞれ答えよ。

□ (2) 下線Aを著書『近代民主政治』の中で述べた人物を選び，記号で答えよ。

　　ア ブライス　　イ J.S.ミル　　ウ モンテスキュー　　エ ワシントン

(3) 下線Bについて，次の@〜@に必要な手続きをあとのア〜シから選び，それぞれ記号で答えよ。

□ @ 事務監査に必要な署名　　　□ ⓑ 条例の制定・改廃の請求先

□ ⓒ 議会の解散の請求先　　　□ ⓓ 首長・議員の解職請求の取り扱い

□ ⓔ 副知事・副市町村長などの解職請求の取り扱い

　　ア 原則として有権者の$\frac{1}{3}$以上　　イ 原則として有権者の$\frac{1}{5}$以上

　　ウ 有権者の$\frac{1}{30}$以上　　エ 有権者の$\frac{1}{50}$以上

　　オ 監査委員　　カ 議長　　キ 首長　　ク 選挙管理委員会

　　ケ 議会にかけ，過半数の出席，$\frac{2}{3}$以上の同意があれば失職

　　コ 議会にかけ，$\frac{2}{3}$以上の出席，$\frac{3}{4}$以上の同意があれば失職

サ　住民投票に付し，過半数の同意があれば失職

シ　住民投票に付し，$\frac{2}{3}$ 以上の同意があれば失職

□ (4)　下線Cにより新たに構築された国と地方との関係の説明としてあてはまらないものを選び，記号で答えよ。

ア　地方分権一括法は，国と地方との関係を上下・主従関係から対等・協力関係に転換させるものであった。

イ　地方分権一括法は，これまで地方公共団体の事務の中で多くを占めていた機関委任事務を廃止（はいし）した。

ウ　地方公共団体が行う自治事務とは，地方公共団体の固有の事務として自由に処理できる事務のことである。

エ　地方公共団体が行う法定受託（じゅたく）事務には戸籍，パスポートの発行，生活保護，介護保険サービスなどがあてはまる。

□ (5)　下線Dで進められた改革としてあてはまらないものを選び，記号で答えよ。

ア　国庫支出金の削減　　イ　税源の移譲

ウ　地方債発行の自由化（ちほうさい）　　エ　地方交付税の見直し

107　◀差がつく　東日本大震災

　次の文は，「少子化社会対策白書」（令和4年版）の一部である。これを読んで，あとの各問いに答えよ。

　2019 年末に発生が確認された（　①　）感染症は，感染収束・再拡大を繰り返しており，完全な収束には至っていない。結婚・子育てに関する意識や行動について，一定の変化もみられる中で，2021 年の婚姻（こんいん）件数，出生数は 2020 年に続いて減少傾向となっている。引き続き，感染症が結婚・子育て世代の意識・行動に与える影響や婚姻件数・A 出生数の今後の推移について注視していくとともに，不安を抱え困難な状況にある個人が安心して，結婚，妊娠（にんしん）・出産，B 子育てができる環境整備に取り組む必要がある。また，感染症影響下において，結婚支援・子育て分野でも（　②　）[情報通信技術] や（　③　）[人工知能] を活用した取り組みが広がっている。C インターネット環境が充実し，自宅における（　④　）を活用した柔軟（じゅうなん）な働き方が可能となることで，D 仕事と家事の両立を適切に実現することが可能となり，出生数増加につながるとの見方もある。今回の感染症拡大を契機に，結婚，妊娠・出産，子育てに関係する様々な現場において，E デジタル技術の利活用が進展することで，必要な支援の継続が図られるだけではなく，結婚に向けたきめ細やかな出会いの機会の提供や，子育て世帯の負担軽減・利便性向

上などが図られ，わが国の少子化問題の解決の一助となることが期待される。

　しかし一方で，わが国では，F固定的な性別役割分担意識を背景として，家事・育児の負担が女性に偏っている現状があり，感染症の流行に伴い在宅時間が増える中，女性の家事・育児の負担がより重くなっている状況もうかがえる。また，感染症の影響が長引く中，G非正規雇用労働者や女性の雇用環境を取り巻く厳しい状況が続いている。（ ⑤ ）における相談支援体制の強化や，子育て中の女性等に対する就職支援，紹介予定派遣を活用した研修・就労支援事業，トライアル雇用助成金の拡充，キャリアアップ助成金の活用による正社員化促進などにより，感染症の影響を受ける求職者のニーズに応じた就職支援が実施されている。

□(1)　①〜⑤にあてはまる語を選び，それぞれ記号で答えよ。
　　　ア　テレワーク　　イ　新型インフルエンザ　　ウ　ICT
　　　エ　新型コロナウイルス　　オ　アウトソーシング　　カ　ハローワーク
　　　キ　法テラス　　ク　AI　ケ　CSR

□(2)　下線Aについて，右のグラフは日本とアメリカ，イギリス，フランスの合計特殊出生率の推移を示したものである。ア〜エのうち，日本にあたるものを選び，記号で答えよ。

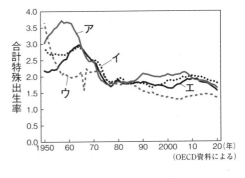

（OECD資料による）

□(3)　下線Bについて，日本で実施されている子育て支援策にあてはまらないものを選び，記号で答えよ。
　　　ア　保育所利用料の無償化　　イ　デイケアの実施
　　　ウ　認定こども園の設置　　エ　児童手当の支給

□(4)　下線Cについて，インターネットを通じて取り引きされ，法定通貨によって裏付けされていないため投機的な売買により価格が大きく上下するものを選び，記号で答えよ。
　　　ア　基軸通貨(キー・カレンシー)　　イ　クラウドファンディング
　　　ウ　電子マネー　　エ　暗号資産(仮想通貨)

□(5)　下線Dについて，仕事と生活の調和のことを何というか。カタカナで答えよ。

□(6)　下線Eについて，人々の行動などに関する膨大な情報を電子化したものが，交通・報道・企業のマーケティングなどに活用されるようになっている。これを何というか。

□ (7) 下線Fのことを何というか。カタカナで答えよ。

□ (8) 下線Gについて，正社員と比べた非正規雇用労働者の特色としてあてはまる
　　ものを選び，記号で答えよ。

　　　ア　介護と両立できる。　　　イ　定年まで同じ企業で働ける。

　　　ウ　勤続年数に応じて賃金が上昇する。　　　エ　福利厚生が充実している。

108 ◀差がつく▶ 社会保障制度の発展

　次の文を読んで，あとの各問いに答えよ。

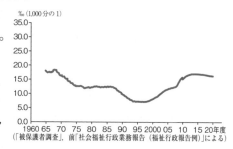

　右のグラフは，日本の生活保護率(生活保護受給者数/人口)の推移である。戦後，大量の戦災者，引き揚げ者，離職者に直面した日本政府はA連合国軍総司令部(GHQ)の要請を受け，1946年に(　①　)(旧法)を公布した。その後，生存権を規定した日本国憲法第25条との整合性を確保するなどの目的で全面改正した。わが国の生活保護制度は，B生活扶助・住宅扶助・医療扶助などの8つの扶助から成り立ち，生活保護の申請に当たっては，受給者が満たすべきいくつかの要件がある。C高度経済成長期には，生活保護率が急速に低下した。2度の(　②　)や円高不況などで，その低下ペースが足踏みした時期もあったが，1980年代半ばに始まる(　③　)経済により再び急低下した。(　③　)経済が崩壊し，倒産・失業者が増える中で，1990年代半ばから再び上昇に転じ，2000年代半ばには1980年代の水準まで戻った。さらに，リーマン・ショックがおきた(　④　)年以降，D生活保護率は再び急上昇した。

□ (1) ①～④にあてはまる語句・数字を選び，それぞれ記号で答えよ。

　　　ア　2005　　イ　健康保険法　　ウ　バブル　　エ　2008

　　　オ　生活保護法　　カ　所得倍増　　キ　石油危機

□ (2) 生活保護費は税金が財源となっている。下線Aの機関の要請で1949年に出され，日本の税制を根本的に改革した調査報告書を何というか。

□ (3) 下線B以外の公的扶助としてあてはまらないものを選び，記号で答えよ。

　　　ア　葬祭　　イ　生業　　ウ　出産

　　　エ　障害　　オ　教育　　カ　介護

□ (4)　下線Cの時期に成立した日本の社会保障制度を選び，記号で答えよ。

　　　ア　求職者支援制度　　　イ　後期高齢者医療制度

　　　ウ　国民皆保険・皆年金　　エ　介護保険制度

(5)　下線Dに関連して，これからの社会保障のあり方として，次のⓐ・ⓑのような考え方が議論されている。(　　)にあてはまる語句をそれぞれ答えよ。

□　ⓐ　生活保護費受給をめぐる朝日訴訟では，日本国憲法第25条は国政の方針を示したものにすぎず，法的拘束力をもたないとする(　　)に基づく判決が下された。

□　ⓑ　生活保護とは別に，その人の経済状況や働く意志と関係なく，一律に最低所得を保障する案も議論されている。これを(　　)という。

109　❮差がつく❯　労働環境の変化

次の文を読んで，あとの各問いに答えよ。

　わが国は，戦後の(　①　)成長を通じて先進国としての地盤を固め，企業は比較的安定的な労働環境を維持するような経営に力を注いできた。しかし，近年の企業を取り巻く環境はいちじるしく変化している。労働力不足を補うための外国人労働者の積極的な活用，1985年制定の(　②　)により促進された女性の社会進出，先進技術の導入，労働力の高齢化，A就業形態の多様化など，さまざまな変化がおこっている。この結果，日本的労使慣行といわれてきた，いわゆる，終身雇用，(　③　)賃金の維持はますます困難になっており，労働市場そのもののあり方が問われるようになった。特に，1990年代後半はバブル経済の崩壊により，重厚長大型の構造的不況業種などで労働力需要が減少する一方で，経済の(　④　)化・ソフト化にともない，サービス業やハイテク産業などの専門職では人手不足になっている。このため，労働市場では需給のミスマッチが生じており，特に新卒若年労働者の就職難や中高年労働者の雇用不安が高まっている。

　そもそも，わが国の歴史的な労働問題解決への施策は，労働時間や賃金をめぐる使用者と労働者の間の摩擦や紛争の解決にその重点が置かれていた。そのため，1947年にはB労働基準法が制定され，1959年には(　⑤　)，1960年には家内労働法が制定されるなど，人々の生活水準の向上に向けた施策が講じられてきたのである。これにより，全体的にC労働環境の改善は進んできたと評価できるものの，残された課題も多い。

□ (1)　①〜⑤にあてはまる語句を選び，それぞれ記号で答えよ。

　　ア　育児・介護休業法　　イ　最低賃金法　　ウ　男女雇用機会均等法

　　エ　サービス　　オ　高度経済　　カ　年功序列　　キ　技術革新

□ (2)　下線Aについて，多様化する就業形態の説明としてあてはまるものを選び，
　　記号で答えよ。

　　ア　法定時間外労働に対して，割増賃金の支払いやそれに代わる休暇の付与が
　　　行われないことは，違法とされている。

　　イ　パートタイマーは，厚生年金保険の被保険者となることがない。

　　ウ　最低賃金制度は，派遣労働には適用されないが，パートタイム労働には適
　　　用される。

　　エ　パートタイム労働法や労働者派遣法の制定によって，パートタイマーや派
　　　遣社員の数は減少した。

　(3)　下線Bについて，次の各問いに答えよ。

□　　ⓐ　労働基準法は労働者の権利を守るための基本的な労働法，いわゆる労働三
　　　法の1つであるが，残りの2つを答えよ。

□　　ⓑ　労働基準法に定められている1日の法定労働時間を選び，記号で答えよ。

　　　ア　7時間　　イ　8時間　　ウ　9時間　　エ　10時間

□ (4)　下線Cについて，ⓐワークシェアリング，ⓑ裁量労働制の説明としてあては
　　まるものを選び，それぞれ記号で答えよ。

　　ア　社会の構成員全員に基本所得を給付することで，労働についての選択の自
　　　由度を高める。

　　イ　労働者の1人あたりの労働時間を減らして仕事を分かち合い，雇用される
　　　人の数を増加させようとする。

　　ウ　一定期間の週あたり平均労働時間が法定労働時間を超えなければ，その期
　　　間の特定の時期に法定労働時間を超える労働も可能にする。

　　エ　労働時間の管理を労働者にゆだね，実際の労働時間にかかわりなく労使協
　　　定で定めた時間だけ働いたとみなす。

27 国際関係と国際法

国際社会の成立

① **主権国家**…自国の領域をもち，他国からの支配・干渉(かんしょう)を受けず，自主・独立・平等の立場を保つ。**国際社会の基本単位**(**領域・国民・主権**が三要素)。

② **ウェストファリア条約**…1648年。三十年戦争を終結させるための講和条約。主権国家を構成員とする国際社会が誕生(たんじょう)。

③ **主権国家の変化**…絶対主義国家→市民革命→国民国家が成長しナショナリズムが台頭。

国際法の意義と役割

	法の種類	立法機関	行政機関	司法機関
国際法	国際慣習法,条約	国家間の合意,国連での条約制定など	国連が一部を補完	国際司法裁判所(当事国の合意が必要)
国内法	憲法・法律・条例など	議会	政府	裁判所

① **グロティウス**…「国際法の父」とよばれるオランダの法学者。自然法の立場から『**戦争と平和の法**』などを著し，国際社会にも諸国家が従わなければならない国際法が存在すると説く。

② **国際法**…国際社会において，秩序(ちつじょ)を維持(いじ)し，紛争を解決する基準。主権国家どうしが国際慣習法や条約を結ぶ。

③ **現代の国際法**…**主権平等**，領土不可侵(ふかしん)，**内政不干渉**(ないせい)，武力不行使，紛争の平和的解決，**民族自決**，人権保障などを原則とする。国際慣習法を条約化する動き(排他的経済水域を規定した**国連海洋法条約**など)。通信技術の発達で**国際世論**が国際法に影響。

④ **領域をめぐる問題**…国境画定をめぐりカシミール，スプラトリー諸島(南(なん)沙(さ)諸島)などで周辺諸国が対立。日本固有の領土である北方領土はロシアに，竹島は韓国に不法に占拠されている。

⑤ **司法的解決の制度**…国際連盟下の常設国際司法裁判所→国際連合下の国際司法裁判所(**ICJ**)，国際刑事裁判所(**ICC**)。

主権国家体系の変化

① **国家以外の影響力**…国際機構，多国籍企業，NGO(非政府組織)など。

② **グローバル化**…国家間の相互依存(そうごいそん)関係が強まる。核戦争の脅威(きょうい)，飢餓(きが)，地球環境問題などの**地球的問題群**の解決に向けた，国境をこえた協力。

基本問題 •••••••••••••••••••••••••••••••••••••• 解答 ➡ 別冊 *p.24*

110 国際社会の成立

でき たら チェック

次の空欄にあてはまる語句を，あとの〔　〕から選べ。

☐(1)　独自の政治を行うために，他国からの支配・干渉を受けず，自主・独立・平等の立場を保つ国家を（　　）という。

☐(2)　1648年に締結されたウェストファリア条約をきっかけに，主権国家を構成員とする（　　）が誕生した。

☐(3)　絶対主義国家を打倒する市民革命を経て，「国民」としての一体感に支えられた（　　）が成長していった。

☐(4)　国民や民族を統合することを目的とした，国民国家あるいは民族国家の形成をめざす考えを（　　）という。

〔　行政国家　　国民国家　　封建社会　　ナショナリズム　　主権国家
　　夜警国家　　国際社会　　ユニラテラリズム　〕

📖 **ガイド**　(3) 君主の支配が緩み，国民と国家の一体感が自覚されるようになった。

111 国際法と主権国家体系　◀ テスト必出

次の説明にあてはまる語句を答えよ。

☐(1)　グロティウスが自然法の立場から主張した，国際社会において秩序を維持し，紛争を解決するための決まり。

☐(2)　(1)のうち，国家間で結ばれる文書による合意。

☐(3)　すべての国家の主権は平等であるとする原則。

☐(4)　他国の国内政治や外交に対して干渉すべきではないとする原則。

☐(5)　領海12海里，排他的経済水域200海里などを定めた1982年採択の条約。

☐(6)　北海道北東部の北方領土を不法に占拠している国。

☐(7)　島根県の日本海沖に位置する竹島を不法に占拠している国。

☐(8)　1921年に国際連盟の下に設置された，国際社会の紛争を解決するための裁判所。

☐(9)　第二次世界大戦後に国際連合の下に設置された，国際社会の紛争を解決するための裁判所。

☐(10)　2003年にハーグに開設された，国際人道法に反する個人の重大な犯罪を裁くための裁判所。

☐(11)　国際社会の新たな主体となりつつある非政府組織の略称。

標準問題 •••••••••••••••••••••••••••••••••••••• 解答 ➡ 別冊 *p.24*

112　**〈差がつく**　次の文を読んで，あとの各問いに答えよ。

　現代の**A諸国家**は，一定の領域内の人や物に対して他国の支配や干渉（かんしょう）を受けず，自らの判断に基（もと）づいて行動できる権利をもつ（ ① ）国家であって，**Bいずれの国家も国際社会においては平等な権利をもっている**。近代になり，国際社会にも人間の理性に基づく自然法の秩序（ちつじょ）を打ち立て，諸国家間の紛争を解決しようという考えが生まれた。これが国際法の理念であり，それを最初に体系づけたのは，今日（こん）（にち）「国際法の父」とよばれるオランダ人の（ ② ）である。彼は，国際法によらず武力に訴える国家の行動を厳しく批判した。

　国際法は，国家間の外交が活発に行われてきた歴史的過程の中で認められてきた（ ③ ）と，成文化された国家間の合意事項である（ ④ ）からなる。（ ③ ）には，**C公海自由の原則**（ないせい）や内政不干渉の原則などがある。また，（ ④ ）は国家の領土・領海の取り決めや外交上の手続きの規定，国際紛争の平和的解決のための規則などのほか，戦争を規制するものや戦争を否定するものがある。なお，国際裁判制度の機関としては，**D第一次世界大戦後**に設置された常設（ ⑤ ）や，第二次世界大戦後に創設された国連の主要機関である（ ⑤ ）などがある。

（できたらチェック。）

□ (1)　①〜⑤にあてはまる語句を選び，それぞれ記号で答えよ。

　　ア　国際慣習法　　イ　主権　　ウ　国際司法裁判所　　エ　条約

　　オ　グロティウス　　カ　国際刑事裁判所　　キ　エドワード・コーク

□ (2)　下線Aのうち，市民革命後に成立した，国家と国民との一体性が自覚されるようになった国家を何というか。

□ (3)　②の代表的な著作を選び，記号で答えよ。

　　ア　『諸国民の富』　　イ　『統治二論（市民政府二論）』（とう）（ち）

　　ウ　『リバイアサン』　　エ　『戦争と平和の法』

□ (4)　下線Bのような国際社会の原型が歴史的に初めて確立された取り決めを選び，記号で答えよ。

　　ア　ウェストファリア条約　　イ　ベルサイユ条約

　　ウ　サンフランシスコ平和条約　　エ　不戦条約

□ (5)　下線Cに対して，それまでの公海でも領海でもない，排他的経済水域（はいた）を設定した1982年に採択された条約を何というか。

□ (6)　下線Dの時期から広く認められるようになった，各民族が政治的運命を決定し，みずから政府をつくることができるとする原則を何というか。

28 国際連合と国際協力

◉ **国際連盟とその限界**

① **国家間の力関係**…勢力均衡が軍拡競争を生む(安全保障のジレンマ)→国際連盟の下で集団安全保障の体制。

② **国際連盟の成立**…1920年，アメリカ大統領ウィルソンの**十四か条の平和原則**により発足。総会と理事会での**全会一致**の議決方式。違反国に対する制裁力が不十分(経済制裁のみ)，大国の不参加などの問題点。

◉ **国際連合(国連)とその活動**

① **国際連合の成立**…1945年，大西洋憲章を原型として国際連合憲章の採択により発足。原加盟国51か国。本部ニューヨーク。

② **主要機関**…総会・安全保障理事会・経済社会理事会・**信託統治理事会**・国際司法裁判所・事務局。

③ **安全保障理事会**…常任理事国(米・英・仏・ロ・中)と10か国の非常任理事国で構成。常任理事国が拒否権をもつ(**大国一致の原則**)。拒否権による理事会機能の停止を防ぐため，「平和のための結集」決議(1950年)の採択。

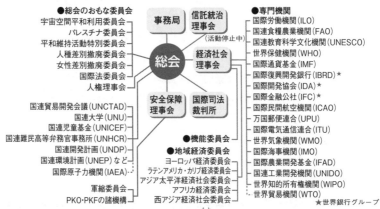

●総会のおもな委員会
宇宙空間平和利用委員会
パレスチナ委員会
平和維持活動特別委員会
人種差別撤廃委員会
女性差別撤廃委員会
国際法委員会
人権理事会

事務局
信託統治理事会 (活動停止中)
総会
経済社会理事会
安全保障理事会
国際司法裁判所

●機能委員会
●地域経済委員会
ヨーロッパ経済委員会
ラテンアメリカ・カリブ経済委員会
アジア太平洋経済社会委員会
アフリカ経済委員会
西アジア経済社会委員会

国連貿易開発会議(UNCTAD)
国連大学(UNU)
国連児童基金(UNICEF)
国連難民高等弁務官事務所(UNHCR)
国連開発計画(UNDP)
国連環境計画(UNEP)など
国際原子力機関(IAEA)
軍縮委員会
PKO・PKFの諸機構

●専門機関
国際労働機関(ILO)
国連食糧農業機関(FAO)
国連教育科学文化機関(UNESCO)
世界保健機関(WHO)
国際通貨基金(IMF)
国際復興開発銀行(IBRD)★
国際開発協会(IDA)★
国際金融公社(IFC)★
国際民間航空機関(ICAO)
万国郵便連合(UPU)
国際電気通信連合(ITU)
世界気象機関(WMO)
国際海事機関(IMO)
国際農業開発基金(IFAD)
国連工業開発機関(UNIDO)
世界知的所有権機関(WIPO)
世界貿易機関(WTO)
★世界銀行グループ

④ **平和と安全の機能**…集団的自衛権に基づく武力行使，**国連軍(UNF)**，平和維持活動(PKO。**国連平和維持軍[PKF]や停戦監視団**)。多国籍軍など。

⑤ **国連の活動**…専門機関と協力し，紛争の防止と解決，人権保障の拡大をめざす。ノン・ルフールマンの原則に基づく難民問題の解決。持続可能な開発目標(**SDGs**)などによる「**人間の安全保障**」。

⑥ **国連改革**…分担金の滞納による財政危機，安全保障理事会の改編，**国連人権理事会(UNHRC)**の発足，PKOのあり方，**多国間主義**のゆらぎ。

基本問題 •• 解答 ➡ 別冊 *p.24*

できたら
チェック

113 国際連盟とその限界

次の文中の〔　〕から正しい語句を選べ。

□ (1) ヨーロッパをおもな戦場とした〔第一次世界大戦　第二次世界大戦〕をきっ
かけとして，国際連盟が設立された。

□ (2) アメリカ大統領ウィルソンの示した十四か条の平和原則には，〔ノン・ルフー
ルマン　民族自決〕の原則などが盛り込まれた。

□ (3) 国際連盟は，武力行使を禁止する条約に違反した当事国に対して，加盟国の
連帯により制裁を加える〔軍事同盟　集団安全保障〕を目標とした。

□ (4) 国際連盟の総会と理事会は〔多数決制　全会一致制〕をとったため，重要な
決定について有効な決定が下せなかった。

114 国際連合とその活動 ◀ テスト必出

次の各問いに答えよ。

□ (1) 国際連合の主要機関をまとめた右の図中の
①～④にあてはまる機関名を選び，それぞれ
記号で答えよ。

　ア　事務局　　イ　理事会　　ウ　国連軍

　エ　安全保障理事会　　オ　経済社会理事会

　カ　国際刑事裁判所　　キ　総会

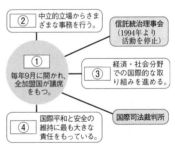

(2) 図中の①によって設立された機関のうち，
次の@～©にあてはまる機関をあとのア～オから選び，それぞれ記号で答えよ。

□　@　発展途上国の児童に対する援助を行う。

□　ⓑ　食料の安全保障を図る。

□　©　環境分野における国際協力活動を行う。

　ア　国連環境計画(UNEP)　　イ　世界保健機関(WHO)

　ウ　国連児童基金(UNICEF)　　エ　国連食糧農業機関(FAO)

　オ　世界貿易機関(WTO)

□ (3) 世界各地の紛争をしずめ，再発を防止するため，国連加盟国の提供した要員
を派遣する活動を何というか。

□ (4) 2015年の国連総会で採決された，「だれひとり取り残さない」を基本理念と
する2030年までに達成すべき17の目標のことを何というか。

□ (5)　国際連合の課題・問題点としてあてはまるものを選び，記号で答えよ。

　　ア　常任理事国の議席数が多すぎる。

　　イ　武力制裁が禁止されている。

　　ウ　アメリカなどが分担金を滞納している。

　　エ　発展途上国の国連加盟が進んでいない。

標準問題 ●●●●●●●●●●●●●●●●●●●●●●●●●●●●●●●●●● 解答 ➡ 別冊 *p.25*

115 次の文を読んで，あとの各問いに答えよ。

　17 〜 19世紀のヨーロッパでは，A（　①　）均衡の考えに基づいて国際社会の平和を維持しようとする考えが強かったが，第一次世界大戦をはじめとする戦争が繰り返されてきたことから，多くの国は戦争の防止と平和の維持について深い反省を迫られた。そこで，Bアメリカ大統領（　②　）の提唱により，国際連盟が1920年に発足した。国際連盟は国際協調に基づく国際平和の実現をめざして，（　③　）・軍縮・国際裁判の確立などの目標を掲げた。しかし，Cさまざまな欠点をもっていたため十分な成果をあげることができず，1930年代の日本・ドイツ・イタリアの侵略行為を阻止することができなかった。そして，第二次世界大戦の勃発とともに国際連盟は事実上機能を失った。

□ (1)　①〜③にあてはまる語句を選び，それぞれ記号で答えよ。

　　ア　（フランクリン・）ローズベルト　　イ　集団安全保障　　ウ　軍事

　　エ　国家的利益　　オ　勢力　　カ　ウィルソン　　キ　人間の安全保障

□ (2)　下線Aのような状態を，（　　　）のジレンマとよぶ。（　　　）にあてはまる漢字4字を答えよ。

□ (3)　下線Bの内容が盛り込まれた文書を選び，記号で答えよ。

　　ア　大西洋憲章　　イ　権利章典　　ウ　十四か条の平和原則

　　エ　国際人権規約

□ (4)　下線Cの「欠点」にあてはまらないものを選び，記号で答えよ。

　　ア　総会や理事会では，全会一致の議決方式がとられた。

　　イ　侵略国に対して，経済制裁しかできなかった。

　　ウ　決定は単に勧告にとどまらず，武力行使にまで及ぶ幅広いものであった。

　　エ　提唱国アメリカが上院の反対で参加できず，ソ連の連盟への加盟がなかなか認められなかった。

📖 ガイド　(3) 民族自決の原則，秘密外交の禁止などの原則を示した。

116 ＜差がつく＞　次の文を読んで，あとの各問いに答えよ。

　1945年の10月，51か国の連合国の署名による（ ① ）の発効によって成立した国際連合は，国家体制の相違をこえて，すべての国々の協力と協調を前提として形成された。国際連合の主要機関のうち，A安全保障理事会は国際平和と安全の維持について，おもな責任を負っている機関で，主要国の意見の一致を前提とした（ ② ）の原則にしたがって運営されている。国際連合は，戦争の禁止と制裁の組織化を規定したが，現実の問題として，B（ ③ ）の1つが紛争当事国の一方を支持した場合には安全保障理事会で意思決定が下せず，その機能がはたらかないことがたびたびおこった。そこで，1950年の国連総会でC「平和のための結集」決議が採択された。

　また，国際連合は，経済的・社会的・文化的および人道的な面での国際協力を促進している。その中心機関である（ ④ ）は，専門的分野の独立した国際機構である各種のD専門機関や国連大学（UNU）などとも密接に連携している。

(1) ①〜④にあてはまる語句を選び，それぞれ記号で答えよ。
　　ア　信託統治理事会　　イ　世界人権宣言　　ウ　経済社会理事会
　　エ　常任理事国　　オ　国連憲章　　カ　非常任理事国　　キ　大国一致
(2) 下線Aについて，湾岸戦争の際，安全保障理事会の決議によって派遣された組織を選び，記号で答えよ。
　　ア　国連カンボジア暫定統治機構（UNTAC）　　イ　多国籍軍
　　ウ　国連軍（UNF）　　エ　NGO（非政府組織）
(3) 下線Bで示した特権のことを何というか。
(4) 下線Cにより認められた内容を選び，記号で答えよ。
　　ア　総会が3分の2以上の多数決で，集団的措置を当事国に勧告すること。
　　イ　事務総長の判断により，集団的措置を当事国に勧告すること。
　　ウ　総会が全会一致により，集団的措置を当事国に勧告すること。
　　エ　国際司法裁判所の判決により，集団的措置を当事国に勧告すること。
(5) 下線Dのうち，次の@〜©の説明にあてはまる機関名をそれぞれ答えよ。
　@　条約の締結や勧告の採択を通じて，世界の労働者のための労働条件の改善をはかることを目的としている。
　ⓑ　各国の中央銀行を取りまとめ，通貨と為替相場の安定をめざしている。
　©　世界の国々の科学・教育・文化の向上や，その交流，文化財の保存などによって世界平和を促進する。

29 国際政治の動向

● **冷戦(東西冷戦)**

① **自由主義陣営(西側)**…**アメリカ**が中心。トルーマン・ドクトリン,マーシャル・プラン,北大西洋条約機構(NATO)。

② **共産主義陣営(東側)**…**ソ連**が中心。国際共産党情報局(**コミンフォルム**),経済相互援助会議(COMECON),ワルシャワ条約機構(WTO)。

③ **冷戦下の国際政治**…ドイツ・朝鮮半島・ベトナムで国家が分裂。朝鮮戦争・インドシナ戦争・ベトナム戦争の勃発。

● **平和共存と多極化**

① **平和共存**…ジュネーブ四巨頭会談。ベルリンの壁構築・キューバ危機→デタント(緊張緩和)へ→欧州安全保障協力会議(CSCE)。

② **多極化**…中ソ対立の激化→米中の国交正常化,日本やEC諸国の経済的地位の向上,非同盟主義の**第三世界**の台頭など。

③ **バンドン会議(アジア・アフリカ会議)**…1955年。植民地支配から独立した国々が非同盟中立の立場を主張,「平和十原則」を採択→**非同盟諸国首脳会議**を開催。

● **核兵器と核軍縮**

① **反核運動**…ラッセル・アインシュタイン宣言→パグウォッシュ会議の開催。日本でも,第五福竜丸事件がきっかけで原水爆禁止運動。

② **核軍縮**…部分的核実験禁止条約(PTBT)→核拡散防止条約(NPT)→**戦略兵器制限交渉(SALT I・II)**→国連軍縮特別総会→中距離核戦力(INF)全廃条約→戦略兵器削減条約(START I・II)→包括的核実験禁止条約(CTBT),新START,核兵器禁止条約。**非核地帯**の拡大。

● **冷戦終結とその後の世界**

① **新冷戦**…ソ連のアフガニスタン侵攻(1979年)→アメリカの**戦略防衛構想**(SDI)の提唱→新たな軍拡競争→財政負担の増大から軍縮交渉へ。

② **冷戦の終結**…東欧の民主化→**ベルリンの壁崩壊**→マルタ会談で米ソ首脳が冷戦の終結を宣言(1989年)→**東西ドイツの統一**,ソ連の解体。

③ **地域協力**…ECが**EU(欧州連合)**へ発展。CSCEが**欧州安全保障協力機構(OSCE)**へ改組。東南アジア諸国連合(ASEAN)を中心とする共同体構想。

④ **地域紛争・民族紛争**…旧ユーゴスラビア,チェチェンなど→多くの難民発生。同時多発テロ→アメリカの単独行動主義(ユニラテラリズム)。「アラブの春」→欧州難民危機。ロシア・ウクライナ戦争。

基本問題 •• 解答 ➡ 別冊 *p.25*

117 冷戦体制

できたらチェック

次の文中の下線部が正しいものには○を，誤っているものには正しい語句を答えよ。

- □ (1) 第二次世界大戦後，西欧諸国に対する巨額の経済援助として，<u>トルーマン・ドクトリン</u>が打ち出された。
- □ (2) 自由主義陣営の中心的地位を占めた国は，<u>ソ連</u>である。
- □ (3) 共産主義陣営は1955年に軍事同盟の<u>ワルシャワ条約機構（WTO）</u>を結成した。
- □ (4) 冷戦の下，敗戦国の<u>ドイツ</u>は東西の国々に分裂した。
- □ (5) 冷戦が実際の「熱戦」となった例として，1950年におこった<u>中東戦争</u>があげられる。

118 平和共存と多極化

右の年表を見て，次の各問いに答えよ。

1955年	バンドン会議 （アジア・アフリカ会議）……A
	ジュネーブ四巨頭会談………B
1961年	「（ C ）の壁」構築
1962年	キューバ危機…………………D
1975年	欧州安全保障協力会議………E

- □ (1) **A**に参加した国々が示した，米ソのどちらの陣営にも属さない立場を何というか。
- □ (2) **A**の後，意見の違いを調整して1961年から改めて開催されるようになった，第三世界による会議を何というか。
- □ (3) **B**の会談に集まった国としてあてはまらないものを選び，記号で答えよ。
  ア イギリス　イ ソ連　ウ フランス　エ イタリア　オ アメリカ
- □ (4) **B**のころに定着した，東西両陣営の対立関係の安定化を何というか。
- □ (5) 「（ C ）の壁」は，東ドイツ政府が築いた。**C**にあてはまる都市名を答えよ。
- □ (6) **D**の結果としてあてはまるものを選び，記号で答えよ。
  ア キューバの共産主義政権が崩壊した。　イ 核戦争が始まった。
  ウ デタント（緊張緩和）の動きが急速に進んだ。
  エ 米中国交回復が実現した。
- □ (7) **E**の略称を選び，記号で答えよ。
  ア OSCE　イ CSCE　ウ PTBT　エ CTBT

📖 ガイド　(5) 東地区から西地区への市民の亡命を防ぐため，東地区の政府によって構築された。

119 核兵器と核軍縮，冷戦終結 ◀テスト必出▶

次の説明にあてはまる語句を答えよ。

□(1)　1955年にイギリスの哲学者とアメリカの物理学者が発表した，核軍拡に反対する宣言。

□(2)　原水爆禁止運動がおこるきっかけとなった，日本の漁船が水爆実験で被曝（ひばく）した事件。

□(3)　1968年に結ばれた，アメリカ・ソ連・中国・イギリス・フランス以外の国が核兵器を保有することを防止するための条約の略称。

□(4)　1978年に国際連合で開かれた，軍縮を進めるための総会。

□(5)　1996年に国連総会で採択された，あらゆる場所での爆発をともなう核実験を禁止する条約の略称。

□(6)　「新冷戦」とよばれる米ソ間の新たな軍拡競争を招いた，1979年のソ連の軍事行動。

□(7)　米ソ首脳が冷戦の終結を宣言した，1989年の会談。

□(8)　第二次世界大戦の敗戦後，東西の国に分断され，1990年に統一した国。

□(9)　欧州安全保障協力会議（CSCE）が1995年に改組（かいそ）されて成立した機構。

□(10)　人種，宗教，国籍，政治的意見やまたは特定の社会集団に属するなどの理由で，自国で迫害（はくがい）を受けたため，他国に逃れた人々。

標準問題 •• 解答 ➡ 別冊 *p.26*

120 ◀差がつく▶ 次の文を読んで，あとの各問いに答えよ。

　　第二次世界大戦後まもなく，アメリカとソ連は協調から対立の関係（けい）となり，その関係はやがて，共産主義圏の拡大に対する自由主義諸国の「**A**封じこめ政策」を生みだした。軍事同盟は**B**北大西洋条約機構 対（　①　）の形をとり，国際政治は米ソ両超大国を頂点とする東西両陣営に二極化し，（　②　）とよばれる戦火を交えない鋭い対立が始まった。

　　1950年代になると，**C**インドシナ戦争の休戦が実現し，1955年には米ソ英仏によるジュネーブ四巨頭（けん）会議が開かれ，国際政治は（　③　）に向かい，この動きは1962年のキューバ危機の克服（こくふく）によって本格化した。その間に，中ソ対立に始まる共産主義陣営の内部分裂，フランスの北大西洋条約機構からの脱退，**D**EC諸国や日本の経済的地位の向上によるアメリカの地盤沈下（じばんちんか），**E**非同盟主義を唱える（　④　）の台頭（たいとう）などにより，「多極化」とよばれる状況が生まれた。

□ (1) ①〜④にあてはまる語句を選び，それぞれ記号で答えよ。

ア 米州機構　イ ナショナリズム　ウ デタント　エ 第三世界

オ 東アジア共同体　カ 冷戦　キ ワルシャワ条約機構

□ (2) 下線Aは，発表したアメリカ大統領の名をとり，何とよばれるか。

□ (3) 下線Bのアルファベットの略称を答えよ。

□ (4) 下線Cのように南北に分裂した国の間で，1950年におこった戦争を何というか。

□ (5) 下線Dの組織は，1993年に発効したマーストリヒト条約によって，何という組織へと発展したか。

□ (6) 下線Eについて，1955年，アジア・アフリカ29か国の代表が集まって開かれたバンドン会議で採択されたものを選び，記号で答えよ。

ア 平和十原則　イ 十四か条の平和原則　ウ 権利章典

121 次の文を読んで，あとの各問いに答えよ。

第二次世界大戦後，東西対立の中で米ソによって核兵器やミサイルの開発が進められ，世界に核戦略網がはりめぐらされてきた。この間，1954年の（ ① ）をきっかけに，日本をはじめとする国々で核実験の停止・禁止を求める運動が広がり，非同盟諸国も国連などの場で核実験の停止・禁止を求めた。その結果，1963年に米・ソ・英の3国間で（ ② ）が締結され，1968年には（ ③ ）が成立した。

しかし，1979年のソ連によるアフガニスタン侵攻で再度緊張が高まり，1983年にはレーガン大統領が軍拡を打ち出したため，米ソは新たな核軍拡競争に突入した。1980年代にソ連で民主化改革が展開されると米ソの歩みよりが見られ，1987年には（ ④ ）が調印された。さらに，1996年の（ ⑤ ）の採択により，核実験禁止の国際的ルールが強められた。

□ (1) ①〜⑤にあてはまる語句を選び，それぞれ記号で答えよ。

ア 核拡散防止条約（NPT）　イ 第五福竜丸事件

ウ 包括的核実験禁止条約（CTBT）　エ 同時多発テロ

オ 部分的核実験禁止条約（PTBT）　カ 中距離核戦力（INF）全廃条約

□ (2) 下線部について，アインシュタインらの科学者のよびかけにより，1957年から始まった会議を何というか。

□ (3) 近年は地雷などの通常兵器を禁止する条約や，核兵器禁止条約の採択の推進に，非政府組織が大きな役割を果たした。非政府組織の略称を何というか。

📖 **ガイド**　(2) カナダで開かれた会議で，科学者による核兵器禁止運動の中心的組織となった。

30 国際社会と日本

◎ 戦後日本の外交

① **国際社会への復帰**…連合国との間に**サンフランシスコ平和条約**(1951年)を結び，翌年，独立を回復。同時に**日米安全保障条約**を結び，アメリカに基地を提供。

② **外交三原則**…国連中心主義，自由主義諸国との協調，アジアの一員としての立場の堅持。

③ **近隣諸国との関係回復**

・**日ソ共同宣言**(1956年)によりソ連との国交回復→国連加盟を果たす。

・**日韓基本条約**(1965年)により**大韓民国**を朝鮮半島における唯一の合法政府と認める。

・**日中共同声明**(1972年)により中華人民共和国との国交正常化→**日中平和友好条約**を調印(1978年)。

④ **戦後補償問題**…第二次世界大戦中のアジア諸地域に対して与えた損害に対する賠償，無償援助を実施。

◎ 日本の役割

① **平和主義**…被爆国としての体験をもとに，国際社会において平和に貢献。

② **アジアの安全保障**…中華人民共和国政府と中華民国政府(台湾)の対立，南北朝鮮の分断。

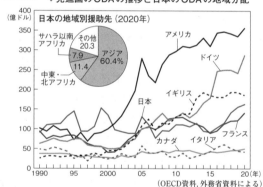

▼先進国のODAの推移と日本のODAの地域分配

日本の地域別援助先 (2020年)
サハラ以南アフリカ 20.3　その他 7.9　アジア 60.4%　中東・北アフリカ 11.4

(OECD資料，外務省資料による)

日本は，ロシアとの**北方領土**問題，韓国との**竹島**問題，中国との**尖閣諸島**をめぐる問題，北朝鮮との**拉致事件**の問題，北朝鮮の核開発やミサイル発射などの不安定要素を抱えている。

③ **国際社会の変化**…経済交流やIT革命の推進により，**相互依存**が深まる→地球市民社会の成立。

④ **日本の役割**…国際協力機構(JICA)により行われる政府開発援助(ODA)などの拠出。**ASEAN地域フォーラム**，ASEAN＋3会議への参加。1人ひとりの尊厳を守る「**人間の安全保障**」の理念を掲げる。

基本問題 ●●●●●●●●●●●●●●●●●●●●●●●●●●●●●●●●●●●●　解答 ➡ 別冊 *p.26*

122 日本の外交と国際社会　◀ テスト必出

次の各問いに答えよ。

- □ (1)　敗戦後の日本が独立を回復することを認めた1951年締結の条約を何というか。
- □ (2)　戦後日本の外交三原則のうち，西側諸国の一員としての立場を明らかにした原則は何か。
- □ (3)　1978年に中華人民共和国との間に結ばれた条約は何か。
- □ (4)　第二次世界大戦中，日本がアジア諸地域に対して与えた損害に対する償いに関する問題を何というか。
- □ (5)　核開発やミサイル発射により日本などの周辺諸国との間に問題が生じている国を，上の地図中のア〜エから選び，記号で答えよ。

標準問題 ●●●●●●●●●●●●●●●●●●●●●●●●●●●●●●●●●●●　解答 ➡ 別冊 *p.27*

123 次の文を読んで，あとの各問いに答えよ。

　日本は外交三原則として，（ ① ）中心主義，自由主義諸国との協調，（ ② ）の一員としての立場の堅持を掲げてきた。事実，A国連の安全保障理事会の非常任理事国に何度も選出されたり，多額の国連分担金を負担し，B政府開発援助の拠出額では世界の上位を占めるなど，高い評価を得ている。

　しかし，第二次世界大戦では，C中国や朝鮮，D東南アジア諸国などに大きな被害を与えた。日本政府はすでに国家間では条約の締結や賠償，（ ③ ）援助により解決済みとの立場をとっているが，相手国からはまだ不十分との訴えもある。過去の歴史上の負の遺産をこえて，周辺各国と友好関係を築くことが必要である。

　日本は「経済大国」の名にふさわしい，国際社会における発言力や国際貢献が求められている。国連改革により，日本やドイツを常任理事国に加えるべきだという声もあり，日本政府もその意欲を表明している。また，日本は唯一の（ ④ ）国として，原水爆禁止運動の先頭に立ち非核三原則などの方針を示してきた。さらに日本国憲法の平和主義は，日本が第二次世界大戦の教訓の中で学んだものである。こうした選択は，国際社会の中で高く評価されるべきものである。

□ (1)　①～④にあてはまる語句を選び，それぞれ記号で答えよ。
　　ア　有償（ゆうしょう）　イ　被曝（ひばく）　ウ　国連　エ　アフリカ
　　オ　無償（むしょう）　カ　アジア　キ　非核

□ (2)　下線Aについて，日本が国連に加盟するきっかけとなった，1956年にソ連との間で発表された宣言を何というか。

□ (3)　下線Bの略語を，アルファベット3文字で答えよ。

□ (4)　下線Cについて，ⓐ1965年に大韓民国（だいかんみんこく）との間で結ばれた条約，ⓑ1972年に中華人民共和国との間で発表された声明を答えよ。

□ (5)　下線Dの国々は，アジア・太平洋地域の安全保障について対話を進めるためのフォーラムを開催し，日本もこれに参加している。このフォーラムを何というか。

124　◀差がつく　次の文を読んで，あとの各問いに答えよ。

　日本は，太平洋戦争での敗戦後，憲法前文と第9条で（ ① ）主義を唱え，自衛隊を設けたうえで専守防衛の方針を掲げてきた。アジアでは，朝鮮戦争やベトナム戦争など軍事的対立が生じたが，冷戦終結後，ASEAN（東南アジア諸国連合）にベトナムなどが加盟し，同首脳会議に日本・中国・韓国が加わった（ ② ）が開催されるなど，経済分野を中心に国際協力の枠組みができつつある。日本は，今後も国連の一員として外交力を高め，国際協力と主権国家間の協調を通じて，格差のない地球社会の実現をめざし「（ ③ ）」の構想を世界へ向けて発信していかなければならない。

□ (1)　①～③にあてはまる語句を選び，それぞれ記号で答えよ。
　　ア　ASEAN＋3会議　イ　個別的自衛権　ウ　人間の安全保障
　　エ　資本　オ　APEC（エイペック）　カ　平和

(2)　下線部の「主権」には複数の意味があるが，その説明A～Cに適する具体例をあとのア～ウから選び，それぞれ記号で答えよ。
□　A　国家の統治権（とうち）　　　　□　B　国家権力の最高・独立性
□　C　国家の政治のあり方を最終的に決定する最高の権力
　　ア　「主権の存する日本国民の総意」（日本国憲法第1条）
　　イ　「すべての加盟国の主権平等の原則」（国連憲章第2条）
　　ウ　「日本国ノ主権ハ本州，北海道，九州及四国…（中略）…ニ局限セラルヘシ」
　　（ポツダム宣言第8項）
📖ガイド　(2)A　国民や国土を治める権利のことを統治権という。

31 貿易と国際収支

⊙ 自由貿易と国際分業

① **国際間の分業**…国内で必要な財貨を国内生産でまかなう**自給自足経済**より, 国どうしで生産物を交換(**貿易**)する国際分業の方が生産量が増える。

② **比較優位**…複数の財の生産性の格差を比べることによって, ある国が他国よりも生産を得意にしていると判断できること。

③ **比較生産費説**…イギリスの経済学者リカードは, 各国が比較優位をもつ財の生産に集中(**特化**)して, それを貿易しあう方が, 資金・労働力・資源を有効に利用できると説いた(**国際分業の利益**)。

④ **国際分業の種類**…先進国どうしで工業製品を輸出入する水平的分業と, 先進国が工業製品を, 発展途上国が一次産品を輸出する垂直的分業に分けられる。同じ産業内で部品をやりとりする工程間分業, 本社と海外の子会社の間で取り引きする企業内貿易も増えている。

⑤ **保護貿易**…ドイツの経済学者リストが, 後進国の未熟な自国産業の育成のため, 保護関税や輸入制限を行う保護貿易政策を主張。

⑥ **自由貿易**…貿易に国家が介入せず, 国際分業に基づく自由貿易を推進。

⊙ 国際収支のしくみ

① **国際収支**…ある国が1年間に外国との間で行った貨幣の受け取りと支払いとの差。

◎ **経常収支**…**貿易・サービス収支**, 第一次所得収支, 第二次所得収支からなる。経常収支が黒字になると対外資産に運用するため, **金融収支**の黒字をもたらす。

◎ **金融収支**…直接投資, 証券投資など資本の移動, **外貨準備**の増減からなる。

◎ **資本移転等収支**…無償資金援助など。

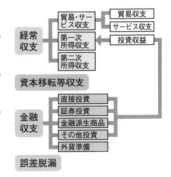

⊙ 外国為替市場

① **為替**…遠隔地間の取り引きを決済するため, 現金の代わりに用いる。外国貿易を決済するための方法を外国為替という。

② **為替レート(為替相場)**…自国通貨と他国通貨との交換比率。外貨を売買する市場を外国為替市場という。固定為替相場制から変動為替相場制へ移行。中央銀行の公的介入(平衡操作)で安定化。円高・ドル安では輸出品の価格が上昇し輸出減少。2022年には急速な円安・ドル高が進み輸入品の価格が上昇。

基本問題 ••• 解答 → 別冊 *p.27*

125 自由貿易と国際分業 ◀ テスト必出

できたらチェック○

次の各問いに答えよ。

□(1) 国内で必要な財貨を国内生産のみでまかなう経済を何というか。

□(2) 国どうしで生産物を交換する国際経済のあり方を何というか。

□(3) 複数の財の生産性の格差を比べることによって，ある国が他国よりも生産を得意にしていると判断できることを何というか。

□(4) 比較生産費説を唱えたイギリスの経済学者は誰か。

□(5) 先進国どうしで工業製品を輸出入する分業関係を何というか。

□(6) 先進国が工業製品を，発展途上国が一次産品を輸出する分業関係を何というか。

□(7) ドイツの経済学者リストが主張した，後進国の未熟な自国産業の育成のため，保護関税や輸入制限を行う貿易政策を何というか。

126 国際収支のしくみ

次の空欄にあてはまる語句を答えよ。

□(1) ある国が1年間に外国との間で行った貨幣の収支を（　）という。

□(2) 受け取りが支払いを上回る場合を（　）という。

□(3) 経常収支のうち，商品やサービスの取り引きの収支を（　）という。

□(4) （　）は，直接投資，証券投資など資本の移動，外貨準備の増減からなる。

127 外国為替市場

次の文中の〔　〕から正しい語句を選べ。

□(1) 遠隔地間の取り引きを決済するため，現金の代わりに用いるものを〔為替　デリバティブ〕という。

□(2) 外国貿易を決済するための方法を〔内国為替　外国為替〕という。

□(3) 自国通貨と他国通貨との交換比率を〔為替レート　ヘッジファンド〕という。

□(4) 外貨を売買する市場を外国為替市場といい，現在は〔固定為替相場制　変動為替相場制〕がとられている。

□(5) 中央銀行がインターバンク市場で外貨の売買を行い，為替レートを安定させようとすることを〔公開市場操作　公的介入〕という。

□(6) ドルを売って円を買う動きが強まると，〔円高　円安〕となる。

標準問題 •• 解答 ➡ 別冊 *p.27*

128 次の文を読んで，あとの各問いに答えよ。

一国の国民経済は，孤立して存在することは不可能であり，他の多くの国民経済と密接に関連して国際経済を形成している。

19世紀のイギリスでは，国家の干渉を排除して，当事者の自由な活動にまかせようとする（ ① ）が強く主張された。それは，一国内で生産能率が高く，生産費の低い産業に資本や労働力を集中して，大量生産を行い，他国にも輸出することに各国が努力すればよいとし，（ ② ）による利益を主張したイギリスの（ ③ ）に代表される。これに対して，ドイツの（ ④ ）は，各国経済の発展段階に差があることを指摘し，関税障壁や輸入制限によって，自国の立ち遅れた産業が国際競争力をもつようになるまで保護する必要があると論じ，（ ⑤ ）の考えを主張した。

【できたらチェック✓】

□ (1) ①〜⑤にあてはまる語句を選び，それぞれ記号で答えよ。

　ア　保護貿易　　イ　リカード　　ウ　自給自足経済　　エ　ケインズ
　オ　国際分業　　カ　リスト　　キ　自由貿易　　ク　グローバル化

□ (2) 下線のような主張を何というか。

□ (3) 下線に関連して，右の表はA・B各国で，工業製品と農産品をそれぞれ1単位生産するのに必要な労働者数を表す。これらの生産には労働

	工業製品	農産品
A国	2人	4人
B国	12人	6人

しか用いられないとする。また，各国内の労働者は，この2つの産業で全員雇用されるとする。この表から読み取れる内容について，次のa・bにあてはまる語句の組み合わせを選び，記号で答えよ。

いずれの産業においても，A国はB国よりも労働生産性が　 a 　。ここで農産品の生産をA国が1単位減らし，B国が1単位増やすとする。すると生産量の両国の合計は，農産品では変わらないが，工業製品については　 b 　増える。

　ア　a—高い　b—1.5単位　　　イ　a—低い　b—1.5単位
　ウ　a—高い　b—0.5単位　　　エ　a—低い　b—0.5単位

📖 **ガイド** (1)⑤ 世界恐慌後にはスターリング・ブロック(英)，フラン・ブロック(仏)，マルク・ブロック(独)，円・ブロック(日)などのブロック経済がしかれた。

129 ◀差がつく▶ 次の文を読んで，あとの各問いに答えよ。

一国の一定期間において，外国とのすべての経済的取り引きをまとめたものをA国際収支といい，（ ① ），資本移転等収支，金融収支に大別される。

国際間の取り引きの決済には，ふつう（ ② ）が利用される。これによる決済に

は，自国通貨と外国通貨との交換が行われることになるが，この交換比率のことをB為替レート(為替相場)といい，現在では，各国の経済状態によってその比率が上下する(③)のしくみが採用されている。国際取り引きをスムーズに行うためには，決済のための外貨の保有が必要である。政府や中央銀行の保有する外貨の量を(④)といい，たとえば，貿易による一国の輸出が輸入を超過すれば増加することになる。しかし一方で，他国の(④)の減少をもたらし，その不均衡が続くと，(⑤)の問題が生じやすくなる。

□(1)　①～⑤にあてはまる語句を選び，それぞれ記号で答えよ。

　　ア　固定為替相場制　　イ　外貨準備　　ウ　変動為替相場制
　　エ　経常収支　　オ　貿易摩擦　　カ　内国為替　　キ　投資収支
　　ク　外国為替

□(2)　下線Aについて，右の図は2019年の日本の国際収支をまとめたものである。図から読み取れる内容にあてはまるものを選び，記号で答えよ。

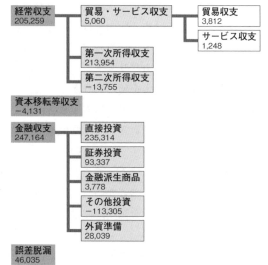

(単位：億円)(2019年，財務省資料による)

　　ア　輸送・旅行などの取り引きによる収支は赤字だったが，財の輸出入の黒字額がそれを上回ったため，貿易サービス収支は黒字となった。

　　イ　資本移転等収支の赤字は，日本の発展途上国への援助が少ないことを示している。

　　ウ　経常収支が黒字となった結果，金融収支の黒字がもたらされている。

　　エ　株式や国債への投資による収支は，企業買収などの投資の収支を上回っている。

□(3)　下線Bについて，1ドル＝90円から，1ドル＝110円になった場合の変動を何というか。

□(4)　下線Bについて，1ドル＝140円から1ドル＝120円へ変動した場合，1台10,000ドルで輸出された乗用車の価格は，いくら増減したか。

　　📖ガイド　(3) 円の対外価値の上下を見る。円の数値にまどわされないこと。

32 国際経済体制の変化

テストに出る重要ポイント

◉ **国際経済機構**

① **第二次世界大戦前後の体制**…世界恐慌の過程で列強は金本位制を廃止し，ブロック経済を形成。戦後，アメリカはヨーロッパに対してマーシャル・プランで復興を支援し，日本に対してはガリオア・エロア資金で援助。

② **IMF-GATT体制**…ブレトン・ウッズ協定(1944年)に基づき，IMF(国際通貨基金)と国際復興開発銀行(IBRD)を設立。GATT(関税と貿易に関する一般協定)の発足→ドルを**基軸通貨**とする固定為替相場制。

③ **自由貿易の促進**…GATTは自由貿易，無差別最恵国待遇，多角主義を三原則とし，**関税引き下げ，非関税障壁の撤廃**を推進。

◉ **国際通貨制度**

① **ドル危機**…ベトナム戦争などが原因で，ドルへの信用不安が高まる。

② **通貨制度の変容**…1971年に金・ドル交換を停止(ニクソン・ショック，ドル・ショック)→スミソニアン協定でドル切り下げ→1973年に変動為替相場制へ移行→1976年のキングストン合意で追認し，金のかわりにSDR(特別引き出し権)を基礎に。

◉ **国際政策協調**

① **アメリカの停滞**…レーガン政権の下，財政赤字と経常収支の赤字が同時拡大(双子の赤字)→保護主義が台頭。

② **プラザ合意**…1985年，G5(先進5か国財務相・中央銀行総裁会議，現在はG20)において**ドル高是正**を決定→急速に**円高**が進行。

③ **GATTの成果**…ケネディ・ラウンド(1964～67年)，東京ラウンド(1973～79年)などの多国間交渉で関税引き下げ。ウルグアイ・ラウンド(1986～94年)では農産物自由化，知的財産権の保護，セーフガードなどを議論。1995年にGATTは紛争処理手続きを強化したWTO(世界貿易機関)に移行。ドーハ・ラウンド(ドーハ・開発アジェンダ，2001年～)は2011年に休止。

④ **グローバル化**…**貿易・直接投資・金融**の3つの局面で進行。タックス・ヘイブンによる租税回避，格差の拡大→「**底辺への競争**」。コロナ禍でグローバル化は停滞。一方で，プラットフォーム企業による情報の独占。

◉ **金融のグローバル化**

① **国際通貨危機**…アジア通貨危機(1997年)。サブプライムローン問題を原因とするリーマン・ショック(2008年)が世界金融危機へ発展。

② **経済の金融化**…暗号資産，デリバティブの開発。**デジタル貿易**の活発化。

基本問題 ●●●●●●●●●●●●●●●●●●●●●●●●●●●●●●●●●●● 解答 → 別冊 *p.28*

130 国際経済機構と通貨制度 ◀テスト必出

できたら
チェック。

次の説明にあてはまる語句を答えよ。

- □ (1) 1930年代の世界恐慌の過程で崩壊した国際通貨体制。
- □ (2) 第二次世界大戦後の日本の復興のため，アメリカが支出した援助資金。
- □ (3) ブレトン・ウッズ協定によって設立された，戦後の復興・開発のための融資を目的とする銀行。
- □ (4) 国際通貨基金と関税と貿易に関する一般協定の2つの制度を基礎とする戦後の国際経済秩序。
- □ (5) 各国通貨とドルの交換比率を一定に固定する制度。
- □ (6) 自由貿易，無差別最恵国待遇と並ぶ，GATTが掲げた三原則の1つ。
- □ (7) 1971年にアメリカが発表した，金・ドルの交換停止。
- □ (8) 固定為替相場制の再建をはかるため，新レートを設定した1971年の協定。
- □ (9) SDR(特別引き出し権)の役割を拡大することとした，1976年の合意。

131 国際政策協調とグローバル化

次の各説明について，正しいものには○，誤っているものには×と答えよ。

- □ (1) 1980年代のアメリカのレーガン政権においては，財政赤字の額が拡大する一方で，経常収支は黒字が続いた。
- □ (2) プラザ合意によってドル高是正が決定され，急速に円高が進行した。
- □ (3) 先進国財務相・中央銀行総裁が集まる会議は，G7からG20へと参加国が拡大していった。
- □ (4) GATTはケネディ・ラウンド，東京ラウンドなどの多国間交渉で，関税引き下げなどに関する協議を進めた。
- □ (5) 2001年に始まったウルグアイ・ラウンドは，農産物の貿易について意見が対立し，交渉は休止された。
- □ (6) 富裕層が資産を移動させている，税率が低い，または無税の国や地域をタックス・ヘイブンという。
- □ (7) 2008年にはサブプライムローン問題を発端に投資銀行のリーマン・ブラザーズが破綻し，信用収縮(デ・レバレッジ)が世界に広がった。
- □ (8) インターネット上で取り引きできる資産として新たに生み出された仮想通貨のことを，デリバティブ(金融派生商品)とよぶ。

標準問題 •• 解答 ➡ 別冊 *p.28*

132 次の文を読んで，あとの各問いに答えよ。

世界恐慌への対応から主要国が形成した（　①　）経済が，第二次世界大戦の原因
の1つとなった反省から，戦後は（　②　）貿易を基調とする，国際経済秩序の再建
が進められた。各国経済の安定と世界貿易の発展を進める試みがなされる中で，
1944年の（　③　）協定に基づいて設立されたIMF（国際通貨基金）と（　④　）が，
A為替レート（為替相場）の安定と戦後復興をはかった。貿易の促進には（　⑤　）が
あたり，B関税の引き下げや輸入制限の撤廃などの交渉を進めた。

□(1)　①〜⑤にあてはまる語句を選び，それぞれ記号で答えよ。

　ア　ブレトン・ウッズ　　イ　GATT　　ウ　保護　　エ　ブロック
　オ　WTO　　カ　自由　　キ　IBRD　　ク　スミソニアン

□(2)　下線Aについて，国際通貨制度の基軸通貨とされたのは何か。

□(3)　下線Bについて，知的財産権の保護に関するルールが定められた交渉を選び，
記号で答えよ。

　ア　マーシャル・プラン　　イ　東京ラウンド
　ウ　ウルグアイ・ラウンド　　エ　ケネディ・ラウンド

133　**◀差がつく**　次の文を読んで，あとの各問いに答えよ。

ドル危機が深刻化すると，アメリカ政府は1971年に金とドルとの交換停止を
宣言した。その後の為替調整でもドル価値の下落に歯止めはかからず，主要各国
は1973年に（　①　）為替相場制へ移行し，1976年のキングストン合意では（　②　）
の役割が拡大された。A1980年代以降は，先進国だけでなく発展途上国もふく
めて為替管理の自由化が進められ，1980年代にはラテンアメリカ諸国を中心と
する累積債務問題，1997年には（　③　）通貨危機，2008年には投資銀行の倒産を
きっかけとする金融危機も引きおこした。B国際資本移動の拡大によって，通貨・
金融危機が世界的に波及するスピードが速まっている。

□(1)　①〜③にあてはまる語句をそれぞれ答えよ。

□(2)　下線Aの時期に各国が為替市場への公的介入を行うきっかけとなった，G5
における合意を何というか。

□(3)　下線Bについて，経済のグローバル化は貿易，（　　），金融の3つの局面か
ら進行していった。（　　）にあてはまる語句を答えよ。

📖 **ガイド**　(2) 日本においては円高不況と産業の空洞化をもたらした。

33 発展途上国の諸問題

◉ 南北問題の発生

① 南北問題…先進国と発展途上国との間の経済格差の問題。

② 原因…植民地時代,特定の一次産品の生産にかたよるモノカルチャー経済→独立後も先進国に従属する関係が継続→経済格差の拡大。

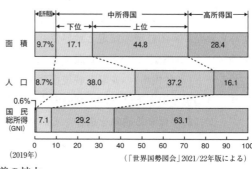

	低所得国	中所得国		高所得国
		下位	上位	
面　積	9.7%	17.1	44.8	28.4
人　口	8.7%	38.0	37.2	16.1
国　民総所得(GNI)	0.6%　7.1	29.2	63.1	

(2019年)　　　　　　　　　　　　　　　(「世界国勢図会」2021/22年版による)

◉ 南北問題の是正

① 国際連合の対策…総会で「国連開発の10年」を採択(1961年)。国連貿易開発会議(UNCTAD)を設立。

② プレビッシュ報告…一次産品価格の安定化などを求める→一般特恵関税を導入→途上国は保護貿易の下で工業化。

③ 資源ナショナリズム…資源保有国が自国資源に対する恒久的主権を確立し,資源の開発・利用・加工・販売を自国の利益のために行うことを主張。OPEC(石油輸出国機構)による石油価格の大幅引き上げ(1973年)→第1次石油危機→国連資源特別総会で新国際経済秩序(NIEO)樹立宣言の採択。

④ フェアトレード…適正な価格での取り引き。ソーシャル・ビジネスの動き。

⑤ 政府開発援助(ODA)…OECDの開発援助委員会(DAC)で実施。

◉ 発展途上国の多様化

① NIES(新興工業経済地域)…1970年代以降,韓国・台湾・香港・シンガポールの東アジアNIESが,輸出志向工業化政策により経済成長を続ける→その多くが開発独裁→バブル化の末,アジア通貨危機(1997年)。

② 累積債務問題…ブラジル・メキシコなどの中南米NIESが,輸入代替工業化政策で急速な経済成長→海外からの借り入れが返済困難となりデフォルト(債務不履行)の危機→IMFのコンディショナリティ設定とリスケジューリング(債務返済繰り延べ)による救済。

③ 南南問題…資源をもつ発展途上国や工業化が比較的進んでいる発展途上国と,後発発展途上国(LDC)との間の経済格差から生じる問題→国連開発計画(UNDP)による人間開発指数(HDI)の作成,持続可能な開発目標(SDGs)。

基本問題 •• 解答 ➡ 別冊 *p.29*

134 南北問題の発生と是正 ◀ テスト必出

<できたら チェック。>

次の各問いに答えよ。

- □ (1) 先進国と発展途上国との間の経済格差の問題を何というか。
- □ (2) 1961年の国連総会で採択された，先進国と発展途上国の経済格差を解消するための開発計画を何というか。
- □ (3) 国連貿易開発会議(UNCTAD)の第1回会議で提出された，発展途上国の不利な交易条件を世界に向けて訴えた基調報告は何か。
- □ (4) 資源保有国が自国資源に対する恒久的主権を確立し，資源の開発・利用・加工・販売を自国の利益のために行うことを主張する動きを何というか。
- □ (5) 1974年の国連資源特別総会で採択された，発展途上国の平等な国際経済への参加を求めた宣言を何というか。

135 発展途上国の多様化

次の文中の〔 〕から正しい語句を選べ。

- □ (1) 発展途上国の中で，1970年代以降に急速な経済成長をとげた韓国・台湾・シンガポール・ブラジルなどの国・地域は〔NIEO　NIES〕とよばれた。
- □ (2) 韓国・台湾・香港・シンガポールは，外貨導入によって輸出を拡大する〔輸入代替工業化政策　輸出志向工業化政策〕によって工業化を果たした。
- □ (3) 中南米の国々では，石油危機後の不況(ふきょう)の中で外国からの借り入れが増え，1980年代に〔サブプライムローン問題　累積債務問題〕が表面化した。
- □ (4) 〔UNDP　SDGs〕(国連開発計画)は，生活水準を指標化した人間開発指数(HDI)を作成した。

標準問題 •• 解答 ➡ 別冊 *p.29*

136 次の文を読んで，あとの各問いに答えよ。

　第二次世界大戦後，発展途上国の多くは政治的には独立したが，経済的にはA一次産品に依存(いそん)する植民地時代の経済構造から脱却(だっきゃく)できず，先進国との経済格差は拡大した。この問題はB南北問題とよばれ，1960年代から国際社会の重要な課題として認識されるようになった。1961年に先進諸国によって設立された(①)(経済協力開発機構)は，発展途上国に対する経済援助の調整と推進のために，下部機関として(②)(開発援助委員会)を設け，(③)(政府開発援助)の充

実をはかったが，発展途上国の経済状態は一向に改善されなかった。1964年に
国連は（ ④ ）（国連貿易開発会議）を開催し，先進国に対して経済援助とともに，
C一次産品に対する関税の撤廃などによる貿易の拡大を強く求めた。

□(1)　①〜④にあてはまる語句を選び，それぞれ記号で答えよ。
　　ア　DAC　　イ　UNCTAD　　ウ　WTO
　　エ　OECD　　オ　UNDP　　カ　ODA

□(2)　下線Aについて，発展途上国に多く見られる，この経済構造を何というか。

□(3)　下線Bについて，右のグラ
　　フ中で地球の南側に多い国々
　　をア・イから選び，記号で答
　　えよ。

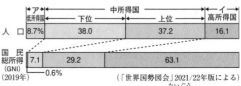

	アプ 低所得国	中所得国		イプ 高所得国
		下位	上位	
人口	8.7%	38.0	37.2	16.1
国民総所得(GNI)(2019年)	7.1	29.2	63.1	

0.6%

（「世界国勢図会」2021/22年版による）

□(4)　下線Cについて，関税に関して特定の国に他の国よりも有利な待遇を与える
　　制度を何というか。

　📖ガイド　(4) おもに軽工業品に対して，特定の国の関税を免除することを求めた。

137　◀差がつく　次の文を読んで，あとの各問いに答えよ。

　A南北問題は1970年代以降，複雑化してきた。2度のB石油危機の影響を受
けて，発展途上国の中で資源をもつ国と，C資源に乏しく工業化の遅れている国
の間では，利害の対立と経済格差が拡大し，（ ① ）問題とよばれた。1970年代
には韓国・台湾・香港・シンガポールは（ ② ）政策をとり，発展途上国の中では
比較的早くから工業化が進められ，東アジア（ ③ ）とよばれた。ブラジル・メキ
シコなどは（ ④ ）政策で経済成長をとげ，中南米（ ③ ）とよばれたが，工業化の
過程で（ ⑤ ）問題が表面化し，DIMFによる救済が進められた。

□(1)　①〜⑤にあてはまる語句を選び，それぞれ記号で答えよ。
　　ア　輸入代替工業化　　イ　NIES　　ウ　輸出志向工業化　　エ　南南
　　オ　MDGs　　カ　累積債務　　キ　双子の赤字

□(2)　下線Aの解決を促し，発展途上国の平等な国際経済への参加を求めるため，
　　国連資源特別総会において採択された宣言を何というか。

□(3)　下線Bについて，第1次石油危機の原因となったOPECによる石油価格引き
　　上げのように，資源保有国が資源の恒久的主権を確立する動きを何というか。

□(4)　下線Cの国々のことを何というか。

□(5)　下線Dによる債務軽減は，緊縮財政などの条件を設けたうえでの債務返済繰
　　り延べにより実施された。この債務返済繰り延べを，カタカナで何というか。

34 地域経済統合と新興国の台頭

▶ 地域経済統合

① 地域主義…
WTOの多
国間交渉に
対し，特定
地域間の自
由貿易をめ
ざす。

② ヨーロッパ
…ECSC

TPP(11) カナダ，メキシコ，ペルー，チリ，オーストラリア，ニュージーランド，ブルネイ，ベトナム，マレーシア，シンガポール，日本

USMCA(3) アメリカ，カナダ，メキシコ

メルコスール(5) ブラジル，アルゼンチン，ウルグアイ，パラグアイ，ボリビア

EU(27) ベルギー，フランス，ドイツ，イタリア，オランダ，ルクセンブルク，デンマーク，ギリシャ，アイルランド，スペイン，ポルトガル，オーストリア，スウェーデン，フィンランド，スロベニア，ラトビア，エストニア，リトアニア，ハンガリー，ポーランド，チェコ，スロバキア，キプロス，マルタ，ブルガリア，ルーマニア，クロアチア

APEC(21) 日本，アメリカ，カナダ，オーストラリア，ニュージーランド，韓国，ブルネイ，インドネシア，マレーシア，フィリピン，シンガポール，タイ，中国，(台湾)，(香港)，メキシコ，チリ，パプアニューギニア，ベトナム，ペルー，ロシア

(欧州石炭鉄鋼共同体)発足が端緒。EC(欧州共同体)による単一市場→マーストリヒト条約(欧州連合条約)によりEU(欧州連合)が発足(1993年)→欧州中央銀行(ECB)設立→共通通貨ユーロの流通(2002年)→ギリシャなどの財政危機でユーロ危機→イギリスが2020年にEU離脱(ブレグジット)。

③ 北米…アメリカ・カナダ・メキシコが北米自由貿易協定(NAFTA)を発足(1994年)→USMCA(アメリカ・メキシコ・カナダ協定)に再編。

④ 南米…ブラジル・アルゼンチンなどがメルコスール(南米南部共同市場)を発足(1995年)。

⑤ 東南アジア…東南アジア諸国連合(ASEAN)を結成(1967年)→日本・オーストラリアなどを加えた東アジア首脳会議(EAS)を開催。

⑥ 太平洋沿岸…アジア太平洋経済協力(APEC)を創設(1989年)。東アジア地域包括的経済連携(RCEP)の調印(2020年)。

⑦ FTA/EPA交渉…二国間あるいは多国間のFTA(自由貿易協定)，EPA(経済連携協定)を結ぶ例が急増。TPP11が2018年に発効(アメリカ離脱)。

▶ 新興国の台頭

① BRICS…資源価格の高騰などの影響で，ブラジル・ロシア・インド・中国・南アフリカが経済大国として成長。

② 中国…社会主義体制→改革・開放政策→社会主義市場経済(香港・マカオでは一国二制度)→アジアインフラ投資銀行(AIIB)を設立。一帯一路の構想を提唱。

③ インド…バンガロールなどで，ソフトウェア開発などを外国企業から受注するオフショアリングが発達。

④ ブラジル…NIESへ成長→鉱物資源の輸出が急増し，好況。

基本問題 ·· 解答 ➡ 別冊 *p.30*

138 地域経済統合 ◀ テスト必出

次の文中の〔　〕から正しい語句を選べ。

- □ (1)　グローバル化が進む一方で，無差別な自由主義ではなく，特定の地域間で自由貿易をめざす〔非同盟主義　地域主義〕の動きが活発になった。
- □ (2)　1967年，ヨーロッパでは3つの共同体が合体して〔EC　EMU〕が誕生した。
- □ (3)　(2)の共同体では，関税同盟，〔固定為替相場制　共通農業政策〕などが推進されてきた。
- □ (4)　EU加盟国の多くでは，共通通貨〔ユーロ　ルーブル〕が使用されている。
- □ (5)　北米では，アメリカ・カナダ・〔キューバ　メキシコ〕によるUSMCAが2020年に発効した。
- □ (6)　南米では，ブラジル・アルゼンチンなどによる〔メルコスール　G7〕(南米南部共同市場)が1995年に発足した。
- □ (7)　東南アジアの国々は，1967年に〔ASEAN　APEC〕(東南アジア諸国連合)を結成した。
- □ (8)　太平洋沿岸の国々によって，1989年から〔APEC　OPEC〕(アジア太平洋経済協力)が開催されている。
- □ (9)　二国間あるいは多国間で，〔FTA　EPA〕(経済連携協定)を結ぶ例が増えている。

139 新興国の台頭

次の各説明について，正しいものには○，誤っているものには×と答えよ。

- □ (1)　資源価格の高騰などの影響で，2000年代から経済が急成長したブラジル・ロシア・インド・中国・南アフリカを，まとめてNIESとよぶ。
- □ (2)　改革開放政策を推進した中国では，1990年代に社会主義体制下で市場経済への移行をめざす社会主義市場経済が打ち出された。
- □ (3)　ウクライナへの侵攻に対する欧米諸国からの経済制裁が続く南アフリカでは，経済成長率が長期にわたり伸び悩んでいる。
- □ (4)　インドでは，バンガロールなどでプラント開発などを受注するオフショアリングが発達している。
- □ (5)　ブラジルはバイオエタノールや鉱物資源の開発が好況をもたらした。

📖 **ガイド**　(4) アメリカのシリコンバレーとの間の時差を利用した開発で，納期を短縮している。

標準問題 ●●●●●●●●●●●●●●●●●●●●●●●●●●●●●●●●●●●●●● 解答 ➡ 別冊 *p.30*

140 次の文を読んで，あとの各問いに答えよ。

　貿易の自由化が各国の国内市場に大きな影響を与えることから，A<u>相互に共通</u>
<u>の利害をもつ国々の間で自由貿易圏を形成する動き</u>が見られる。北アメリカでは，
アメリカ・カナダ・メキシコが（ ① ）（北米自由貿易協定，現在はUSMCA）によっ
て，3か国の貿易および投資の拡大をはかっている。南アメリカでは，関税同盟
として（ ② ）（南米南部共同市場）が設立されている。西ヨーロッパでは，
B<u>1993年に域内の貿易および資本・労働力などの移動を自由化した市場統合</u>が
実現し，C<u>EC（欧州共同体）</u>は（ ③ ）（欧州連合）へ移行し，政治・経済にわたる
統合を進めていった。

できたらチェック。

□ (1) ①〜③にあてはまる語句を選び，それぞれ記号で答えよ。
　　ア　メルコスール　　イ　APEC　　ウ　EU　　エ　TPP
　　オ　NAFTA　　カ　ECB

□ (2) 下線Aの動きのことを何というか。

□ (3) 下線Bの時期には実現していなかったことがらを選び，記号で答えよ。
　　ア　共通農業政策の導入　　イ　パスポートなしの域内移動の自由
　　ウ　関税同盟の構築　　エ　ユーロの導入

□ (4) 下線Cは，ある条約の批准を経て実現した。この条約を何というか。
　　📖 ガイド　(3) 域内の関税を撤廃し，域外に共通関税をかけることを関税同盟という。

141 **◀差がつく** 次の文を読んで，あとの各問いに答えよ。

　国家間の協力を促進するために，地域レベルでもA<u>地域協力</u>をめざす組織が，
先進国，B<u>発展途上国</u>を問わず多く設立されてきた。これらの中には，国際社会
で諸課題の討議の場となるだけでなく，重要な主体となっているものもある。

□ (1) 下線Aの説明としてあてはまるものを選び，記号で答えよ。
　　ア　日本も交渉に参加したTPP（環太平洋パートナーシップ）は，アメリカの
　　　　離脱を経てTPP11として発効した。
　　イ　アジア太平洋経済協力（APEC）に，中南米の国は参加していない。
　　ウ　EUの機構改革を内容としているシェンゲン協定は，加盟国での批准作業
　　　　が終了していないため，未発効である。
　　エ　ASEAN＋3に，日本はふくまれていない。

□ (2) 下線Bの説明としてあてはまるものを選び，記号で答えよ。

ア　先進国からの開発援助の調整を行うため，発展途上国によってOECD(経済協力開発機構)が創設された。

イ　BRICSとよばれる，経済発展がいちじるしいブラジル・ロシア・インド・中国・南アフリカは，5か国で自由貿易協定を締結した。

ウ　発展途上国は国連貿易開発会議(UNCTAD)において，一次産品の価格安定や途上国製品に対する関税の撤廃を先進国に求めた。

エ　発展途上国の経済発展をめざすため，発展途上国内に，NIES(新興工業経済地域)とよばれる経済特区が創設された。

142　次の文を読んで，あとの各問いに答えよ。

　日本企業のA<u>アジア</u>への進出先は，当初，中国や(　①　)(新興工業経済地域)中心であった。しかし，人件費の上昇などもあり，1980年代末には，(　②　)(東南アジア諸国連合)諸国へと変化し，1990年代に入ると，(　③　)路線を強めたB<u>中国</u>へと進出先が移っていった。環太平洋地域では，アジア太平洋経済圏が構想され，日本・アメリカ・カナダ・オーストラリアなどが参加して，毎年(　④　)(アジア太平洋経済協力)が開催されている。また，日本は個別にシンガポール・タイ・マレーシア・メキシコなどとC<u>自由貿易協定</u>を締結している。

□(1)　①〜④にあてはまる語句を選び，それぞれ記号で答えよ。

ア　改革・開放　　イ　ASEAN　　ウ　オフショアリング
エ　LDC　　オ　APEC　　カ　OPEC　　キ　NIES

□(2)　下線Aについて，アジア地域の経済発展の説明としてあてはまらないものを選び，記号で答えよ。

ア　2000年代初めに，中国はWTO(世界貿易機関)に加盟し，輸入関税率の引き下げ，非関税障壁の撤廃などの措置をとることになった。

イ　1990年代後半に，アジアの新興国・地域の中で，台湾がOECD(経済協力開発機構)に加盟した。

ウ　2010年代初めに，ロシアがWTO(世界貿易機関)に加盟した。

エ　1970年代に，東アジア諸国の一部の国では，開発独裁とよばれる体制の下で，政府の強力なリーダーシップにより経済開発が推し進められた。

□(3)　下線BとともにBRICSとされている国にあてはまらないものを選び，記号で答えよ。

ア　インド　　イ　ロシア　　ウ　ブラジル　　エ　オーストラリア

□(4)　下線Cの略称をアルファベット3字で答えよ。

35 国際社会の諸課題

標準問題 •• 解答 ➡ 別冊 *p.31*

143 ◀差がつく 国際政治

次の文を読んで，各問いに答えよ。

国境がもつ意味は，A国の全体が海に囲まれているか，あるいは一部ないし全体が隣国と陸続きであるかによって違ってくるだろう。隣国と陸続きであることは，両国間の国境をどこに引くかという問題を伴う。国境がB民族の分布と一致していないことなどとも関連して，その問題がC紛争につながることもある。

□ (1) 下線Aについて，国際法に関する記述として最も適当なものを選び，記号で答えよ。

ア　カントは，国際社会には国が守るべき法があることを示した。

イ　日本国憲法で，条約の締結は，天皇が行う行為であると定められている。

ウ　植民地独立付与宣言が採択されたのは，バンドン会議においてである。

エ　諸国が様々な条約を締結している今日でも，慣習法は国際法の一部である。

□ (2) 下線Bに関する記述として最も適当なものを選び，記号で答えよ。

ア　イラクやイラン，トルコなど複数の国に居住してきたクルド人を中心とする新しい国がつくられ，国際連合(国連)に加盟した。

イ　スーダンのダルフール地方では，アラブ系と非アラブ系の民族対立などから武力衝突が発生し，大規模な人権侵害につながった。

ウ　先住民族や少数民族の権利を保護することの重要性を明記したウィーン宣言は，国連人権理事会において採択されたものである。

エ　ジェノサイド条約は，冷戦終結後の「民族浄化」を背景として採択された。

□ (3) 下線Cについて，武力行使・軍備管理に関する記述として最も適当なものを選び，記号で答えよ。

ア　国連安全保障理事会が，国連加盟国に武力の行使を許可する場合には，全理事国の賛成が必要である。

イ　国連総会が，一定の場合に国連加盟国に武力の行使を勧告できることは，国連憲章で明示的に定められている。

ウ　第五福竜丸事件を機にアメリカで第1回原水爆禁止世界大会が開催された。

エ　クラスター爆弾を製造・使用することを禁止する条約が採択されている。

144 ◀差がつく　パレスチナ問題

次の文を読んで，あとの各問いに答えよ。

1993年のオスロ合意により成立したパレスチナ暫定自治政府は，（　①　）川西岸地区とガザ地区の2つの地域からなる。発足当初より（　②　）議長率いる穏健派（　③　）が政権を握っていたが，汚職などにより次第に人民の支持を失い，2006年の総選挙では（　④　）が第一党になった。有権者の直接投票で選ばれる大統領（自治政府議長）は（　③　）出身者であったために，大統領と議会は対立し，同年ガザ地区で両者が衝突し，パレスチナ暫定自治政府は分裂状態に陥った。

□ (1)　①〜④にあてはまる語句を選び，それぞれ記号で答えよ。

　　ア　バルフォア　　イ　アラファト　　ウ　ホロコースト　　エ　ヨルダン

　　オ　ティグリス　　カ　ハマス　　キ　クルド　　ク　ファタハ

□ (2)　イスラエル軍の弾圧に対するパレスチナ人の抵抗運動を何というか。

145 日本の国際貢献①

次の文を読んで，あとの各問いに答えよ。

日本政府は，自衛のための「必要最小限度の実力」をもつことは憲法で禁止されないとの立場をとってきた。しかし，1991年の（　①　）をきっかけに日本の「国際貢献」が強調されるようになり，政府は，アメリカの要請に従って，多国籍軍へ130億ドルの戦費を支出し，自衛隊の掃海艇も派遣した。そして，世論を二分する中，1992年にはPKO協力法（国際平和協力法）が制定され，この法律をもとに，自衛隊はカンボジアをはじめとして世界各地に派遣されるようになった。

また，日米安保体制も，1996年の（　②　）によって，「アジア太平洋地域」における日米の防衛力の強化という方向で再定義されることとなった。これを受けて，1997年に（　③　）（新ガイドライン）が策定され，「日本周辺地域における日本の平和と安全に重要な影響を与える事態（周辺事態）」が発生した場合には，日本がアメリカに軍事協力を行うことが定められた。これを踏まえて，1999年には（　④　）などが制定され，自衛隊が米軍の後方支援を行ったり，政府が自治体や民間に協力を依頼できるようになった。

2001年には，アメリカでの9.11事件を契機に，（　⑤　）が制定された。この法律によって，初めて自衛隊が戦時においても海外に派遣されることになり，海上自衛隊がインド洋に出動した。また，2003年には，イラク戦争を契機に，イラク復興支援特別措置法が制定された。この法律によって，自衛隊は被災民の救援

や捜索活動を行うとともに，米英軍の治安維持活動を後方支援することになったが，PKO協力法とは異なり，受け入れ国の同意なしに，治安の不安定な他国の領土に初めて陸上自衛隊が足を踏み入れることとなった。さらに，2009年には，□□□沖の海賊対策のために自衛隊が派遣され，海賊対処法が制定された。

□ (1) ①〜⑤にあてはまる語句を選び，それぞれ記号で答えよ。

　　ア　日米防衛協力のための指針　　イ　朝鮮戦争　　ウ　周辺事態法

　　エ　補給支援特別措置法　　オ　湾岸戦争　　カ　テロ対策特別措置法

　　キ　米軍行動円滑化法　　ク　武力攻撃事態法　　ケ　国際緊急援助隊法

　　コ　日米安全保障共同宣言

□ (2) □□□にあてはまる国名を答えよ。

146 ◀差がつく　日本の国際貢献②

　次の文章は，2019年9月の国連総会において，当時の日本の内閣総理大臣が行った一般討論演説の一節である。これを読んで，あとの各問いに答えよ。

> 　北朝鮮について，私は（　①　）大統領のアプローチを支持します。首脳同士が胸襟を開き，未来に光明を見て目前の課題を解こうとするやり方は，北朝鮮をめぐる力学を変えました。**A**拉致，核，ミサイルといった諸懸案を包括的に解決し，不幸な過去を清算し，国交正常化を実現するのが不変の目標です。最後に，マルチの枠組みと**B**グローバル化を日本は格差を減らすためにこそ用います。（　②　）［環太平洋パートナーシップ］，日EU・（　③　）［経済連携協定］に続き，（　④　）［東アジア地域包括的な経済連携］が，日本の牽引力によってまとまろうとしています。私は近年**C** G7とG20を主宰し，マルチの枠組みにその役割があることを，再々証明してまいりました。また，日本が開くアフリカ開発会議TICADは本年その第7回において，ニューTICADに生まれ変わりました。今後アフリカを語る言葉は，すべからく投資と成長を語るべきだからです。**D**アフリカの変化は，私たちを，勇気づけてくれます。

□ (1) （　①　）には，2017年から2021年までアメリカ大統領を務めた人物があてはまる。この大統領はだれか。

□ (2) （　②　）〜（　④　）にあてはまる略称を選び，それぞれ記号で答えよ。

　　ア　ARF　　イ　RCEP　　ウ　FTA　　エ　TPP　　オ　AIIB　　カ　EPA

□ (3) 下線**A**の問題に関して，2002年に北朝鮮を訪問し，数名の拉致被害者の帰国を実現させた内閣総理大臣を選び，記号で答えよ。

　　ア　菅直人　　イ　森喜朗　　ウ　小泉純一郎　　エ　小渕恵三

□ (4) 下線**B**はどのような現象か。「自由」の語句を用いて説明せよ。

□ (5)　下線Cについて，G20には参加しているが，G7には含まれない国を，次か
　　らすべて選び，記号で答えよ。
　　　ア　インド　　イ　ドイツ　　ウ　ブラジル　　エ　中国　　オ　イギリス
　　　カ　イタリア　　キ　カナダ

□ (6)　下線Dについて，右のグラフは世界の国々を
　　ア〜ウの所得階層に区分し，6つの観点から比
　　較したものである。後発発展途上国(LDC)の
　　多くが含まれる階層を選び，記号で答えよ。

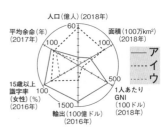

（世界銀行資料による）

□ (7)　資源が豊富な発展途上国と，資源をもたない
　　発展途上国の間で経済格差が生まれている。こ
　　の問題を何というか。

□ (8)　この演説を行った内閣総理大臣は誰か。

147 地球環境問題①

　次の文を読んで，あとの各問いに答えよ。
　1970年代のローマ・クラブの問題提起をきっかけに，「A地球環境問題」が表
面化し，いわゆる公害問題は，地球規模の環境問題へと変化していった。1992
年の「国連環境開発会議[（　①　）]」では，「（　②　）可能な開発」の考え方を取り
入れた「リオ宣言」や，（　③　）枠組み条約が採択された。その後の2002年には，
「B持続可能な開発に関する世界首脳会議」が開催され，環境と開発に関する国
連会議の成果が検証された。

□ (1)　①〜③にあてはまる語句をそれぞれ答えよ。

□ (2)　下線Aに関連する国際的な取り決めについて，次の@〜©の空欄にあてはま
　　る語句をそれぞれ答えよ。

□ 　@　（　　　）条約は，特に水鳥の生息地として国際的に重要な湿地等の保全を促
　　し，湿地の適正な利用を進めることを目的とする条約である。

□ 　ⓑ　（　　　）議定書は「オゾン層保護のためのウィーン条約」の下で，オゾン層
　　を破壊するおそれのある物質を特定し，当該物質の生産等を規制して人の健
　　康および環境を保護するために採択された。

□ 　©　ヨーロッパの先進国からの廃棄物が，アフリカの発展途上国に放置されて
　　環境汚染が生じるなどの問題が発生したのを受けて，一定の有害廃棄物の国
　　境を越える移動等の規制について規定した（　　　）条約が作成された。

□ (3)　下線Bが開催された都市名を答えよ。

148 地球環境問題②

次の文を読んで，あとの各問いに答えよ。

　石炭や石油の燃焼によりエネルギーを得る段階で，非常に多くの**A 二酸化炭素**が大気中に放出される。大気中にふくまれる二酸化炭素などの（　①　）ガスの濃度が増加し，気温が上昇することによって気候が変動し，生態系に大きな影響をおよぼすことが懸念（けねん）されるようになった。このような地球（　②　）化の問題に対応するために，人類は**B エネルギーの消費量をできるだけ減らす**と同時に，エネルギーの転換が求められている。

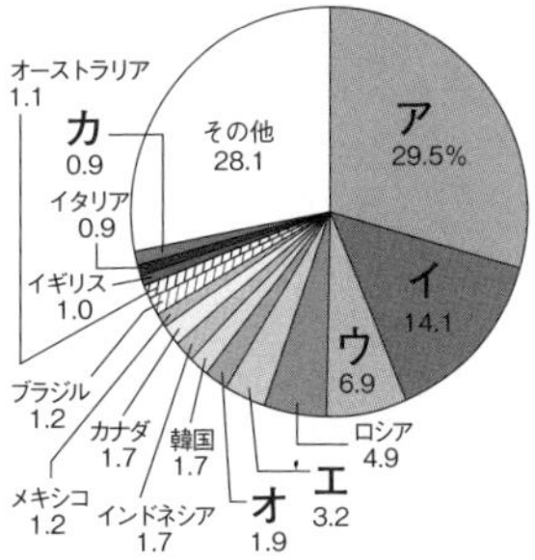

☐ (1)　①・②にあてはまる語句をそれぞれ答えよ。

☐ (2)　下線**A**について，右の図中のア～カは，2019年における世界の二酸化炭素排出量（はいしゅつ）に対する国別の割合のうち，アメリカ・インド・フランス・ドイツ・中国・日本のいずれかを示す。ⓐフランス，ⓑ中国，ⓒ日本にあてはまるものをア～カから選び，それぞれ記号で答えよ。

```
オーストラリア 1.1
カ 0.9
イタリア 0.9
イギリス 1.0
ブラジル 1.2
カナダ 1.7    韓国 1.7
メキシコ 1.2  インドネシア 1.7
その他 28.1
ア 29.5%
イ 14.1
ウ 6.9
ロシア 4.9
エ 3.2
オ 1.9
```

(EDMC／エネルギー・経済統計要覧 2022 年版)

☐ (3)　下線**B**について，（　①　）ガスの排出量を先進各国が1990年を基準として2008～12年の間に削減する目標を定めた，1997年に採択された議定書を何というか。

149 資源・エネルギー問題

次の文を読んで，あとの各問いに答えよ。

　日本では，枯渇性資源（こかつ）である石油・天然ガス・石炭などの（　①　）燃料の大量消費による地球環境の悪化を食い止めるため，官民一体となって省資源・省エネルギー対策が講じられてきた。現在は太陽光・太陽熱・風力・潮力（ちょうりょく）・地熱などの自然エネルギーやバイオ燃料に関する技術開発が進んでいる。一方，環境破壊にもつながる大量のごみや産業廃棄物などの深刻な問題に対応するため，1990年代の各種（　②　）法制定をはじめとする3R運動を推進することにより，（　③　）社会を形成していくことが求められている。

☐ (1)　①～③にあてはまる語句を選び，それぞれ記号で答えよ。

　　ア　エコ　　イ　循環型（じゅんかん）　　ウ　共同参画（さんかく）

　　エ　リサイクル　　オ　化石

☐ (2)　下線部の「バイオ燃料」の生産には，原料として植物が使われ，その需要増（じゅよう）加による価格高騰（こうとう）が問題となった。使われている植物を1つ答えよ。

□ 執筆協力　菊地聡
□ 編集協力　㈱オルタナプロ　名越由実　樋口隆正
□ DTP　㈱ユニックス
□ 図版作成　㈱ユニックス　池田麻美

シグマベスト
シグマ基本問題集
政治・経済

本書の内容を無断で複写（コピー）・複製・転載することを禁じます。また，私的使用であっても，第三者に依頼して電子的に複製すること（スキャンやデジタル化等）は，著作権法上，認められていません。

編　者　文英堂編集部
発行者　益井英郎
印刷所　NISSHA株式会社
発行所　株式会社文英堂
〒601-8121　京都市南区上鳥羽大物町28
〒162-0832　東京都新宿区岩戸町17
（代表）03-3269-4231

ΣBEST シグマベスト

シグマ基本問題集

政治・経済

正解答集

◎『検討』で問題の解き方が完璧にわかる

◎『テスト対策』で定期テスト対策も万全

文英堂

1 民主政治の基本原理

基本問題 ●●●●●●●●●●●●●●●● 本冊 *p.5*

①

答 (1) 政治 (2) 国家 (3) 国民
(4) マックス・ウェーバー (5) 公法
(6) 社会法

検討 (1)政治の目的は，国民が社会生活において幸福に生活できるようにする点にある。
(4)**マックス・ウェーバー**は支配の正統性を，合法的支配(議会制民主主義など)，伝統的支配(君主制など)，カリスマ的支配(支配者の超人的資質に基づく)の3種に分類した。

②

答 (1) 王権神授説 (2) 市民階級
(3) 名誉革命 (4) フランス (5) 社会契約
(6) 自然権 (7) リバイアサン
(8) 統治二論(市民政府二論)
(9) 社会契約論

検討 (1)国王の支配権は神から授けられたもので，その権力は法に拘束されないとする。
(4)フランス人権宣言が発表され，人権の保障と民主的な制度的保障の実現を求めた。
(6)実定法上の権利に対して，自然法によって認められた権利を自然権という。**ホッブズ**は自己保存の権利，**ロック**は生命・自由・財産を維持する権利，**ルソー**は自由・平等の権利を，**自然権**として主張した。

③

答 (1) コモン・ロー (2) 立憲主義
(3) 実定法 (4) 制定法 (5) 私法
(6) 人権宣言 (7) 参政権 (8) 国際人権規約

検討 (1)裁判所の判例の集積から導き出される法である。イギリスでは**コモン・ロー**のほか，議会で制定された法もある。
(2)**立憲主義**においては，国民主権・権力分立などの原理を導入した近代憲法に基づいて，

政治が行われる。
(5)私人間の交渉関係を規律するための法。

標準問題 ●●●●●●●●●●●●●●●● 本冊 *p.6*

④

答 (1) ① ウ ② エ ③ ア ④ イ
(2) A ウ B ア C イ

検討 (1)④立憲主義は，国民の自由や権利を確保することを目的とする。
(2)C. 民法，商法などがあてはまる。

⑤

答 (1) ① イ ② エ ③ ア (2) 闘争
(3) ウ (4) ア

検討 (1)①**ホッブズ**は，統治者の絶対的支配権を容認した。
②**ロック**は，社会が成立する以前の自然状態における自然権を主張した。
③**ルソー**は，一般意志(意思)に基づいて定められた法だけに服従を強制できるものとした。

⑥

答 (1) ウ (2) 法の支配
(3) 間接民主制(代表民主制, 議会制民主主義)
(4) モンテスキュー (5) 抑制

検討 (2)法は国民の自由や権利を守るためにあるという立場に基づき，権力を制限する意味合いがある。一方，法の内容を問わず，法に従って政治を運営していく考えは**法治主義**。
(4)**立法権・行政権・司法権**の三権分立を主張した。

┌─────────────────────┐
✏ **テスト対策**
● **社会契約説**
① **ホッブズ**…自然権を君主に譲渡。
『リバイアサン』
② **ロック**…抵抗権(革命権)。『統治二論(市民政府二論)』
③ **ルソー**…一般意志(意思)，人民主権。
『社会契約論』
└─────────────────────┘

2　世界のおもな政治体制

基本問題 ●●●●●●●●●●●●●●● 本冊 *p.9*

7

答 (1) ×　(2) ○　(3) ○　(4) ×

検討 (1)大衆民主主義は，**多極共存型民主主義**
の誤り。
(4)立憲主義は**政党政治**の誤り。

8

答 (1) 連帯　(2) 下院　(3) 連立政権
(4) 大統領　(5) 拒否権　(6) 違憲審査権

検討 (2)イギリスは**立憲君主制**の国家。行政権
の長は名目上，国王となっているが，実質的
な権限は内閣にある。
(4)(5)アメリカ合衆国は，**連邦制と厳格な三権
分立制**を採用している。大統領は国民によっ
て選出され，全国民の代表として，議会から
独立して行政権を行使する。大統領は，4年
ごとの間接選挙によって選出され，3選は憲
法で禁止されている。

9

答 (1) 中国　(2) 共産党　(3) 半大統領制
(4) 国務院　(5) 開発独裁　(6) アラブの春

検討 (3)半大統領制はロシア以外にフランスな
どでも見られる。
(5)国民の政治的権利を厳しく制限する点に特
徴がある。

標準問題 ●●●●●●●●●●●●●● 本冊 *p.10*

10

答 (1) ① エ　② ケ　③ オ　④ ア　⑤ ウ
(2) 議院内閣制　(3) ウ　(4) 香港

検討 (1)①議会は上院(貴族院)と下院(庶民院)
の**二院制**で，内閣の長である首相は下院の多
数党の党首が選ばれ，閣僚を指名する。**下院
優越の原則**は，アスキス内閣のときに制定さ
れた議会法(1911年)で確立した。

③大統領は議会に教書を送って立法措置を勧
告する権限をもっているが，法律案の提案権
や議会の解散権をもたない。他方で，大統領
は議会が可決した法律案に対する**拒否権**を
もっている。
⑤軍人や官僚を中心とする政権が，国民の政
治的自由を制限し，経済成長を優先してきた。
(3)上院は，大統領の行う官吏の任命や条約締
結に対する承認権のほか，弾劾裁判権をもつ
点において下院に優越する。法律の制定権に
ついては，両院の権限は対等である。
(4)1990年代にイギリスの植民地(香港)，ポ
ルトガルの植民地(マカオ)が相次いで中国へ
返還された。いずれも資本主義体制をとって
いたため，返還後は中国本土とは別に資本主
義体制を維持することが約束された。しかし
香港では，2020年に施行された民主化を取
り締まる法律により，反政府運動が弾圧された。

テスト対策

●**世界のおもな政治体制**
①**議院内閣制**…イギリス，日本など
②**大統領制**…アメリカなど
③**社会主義体制**…中国，キューバなど

3　日本国憲法の制定

基本問題 ●●●●●●●●●●●●●● 本冊 *p.12*

11

答 (1) ① 批准　② 接受
(2) ③ 統帥　④ 命令　(3) ⑤ 枢密院
(4) ⑥ 天皇　⑦ 特別　⑧ 法律　(5) ⑨ 国権

検討 (1)**天皇の国事行為**には，他に憲法改正や
法律・政令・条約の公布，国会の召集，衆議
院の解散，栄典の授与，内閣総理大臣の任命，
最高裁判所長官の任命などがある。
(4)一般の裁判所の体系から独立した特別の裁
判所を**特別裁判所**という(国会による弾劾裁
判所は特別裁判所の一種だが，日本国憲法で
は例外として設置が認められている)。

⓬

答　ア，ウ

検討　日本国憲法は，その前文において，国民主権，平和主義，自由・人権の保障(**基本的人権の尊重**)をうたうとともに，この憲法は国民の制定した**民定憲法**であることを表明している。**平和主義**については，第9条で戦争の放棄・戦力の不保持・交戦権の否認を規定。

⓭

答　(1) 国民主権　(2) 内閣　(3) 永久
(4) 交戦権　(5) 最高法規
(6) 3分の2以上，国民投票

検討　(2)国事行為は，国民のために行わなければならないとされる(第7条)。
(4)他国と交戦状態に入ったとき，国際法上で認められる権利のこと。
(6)改正の手続きには通常の法律より厳しい条件が付されているため，**硬性憲法**とよばれる。

標準問題 ●●●●●●●●●●●●● 本冊 *p.13*

⓮

答　(1) ① オ　② ア　③ キ　④ エ　⑤ カ
(2) 君主権が強かったから。
(3) 大正デモクラシー

検討　(2)政府は，自由民権運動が激化する中で，**伊藤博文**を中心に憲法制定作業を始めた。この結果，立憲制の政体をとりながら君主専制を維持する**大日本帝国憲法**が制定された。
(3)**吉野作造**の**民本主義**が，大正デモクラシーの理論的支柱となった。

⓯

答　(1) ① オ　② ア　③ エ
(2) 1946年11月3日

検討　(1)②松本案は「天皇ハ至尊ニシテ侵スヘカラス」とするなど，旧憲法と内容的には変わらなかった。マッカーサー草案は，天皇制の存続，戦争の放棄，封建制の廃止を掲げた**マッカーサー三原則**を骨子とした。

(2)日本国憲法は，1946年11月3日に公布され，1947年5月3日より施行された。施行日が憲法記念日となっている。

⓰

答　(1) 象徴　(2) ① イ　② エ　③ オ
④ ア　⑤ ウ　(3) 硬性憲法　(4)イ

検討　(1)日本国憲法では，天皇は日本国と日本国民統合の象徴とする**象徴天皇制**を採用した。
(3)一方，一般の法律の改廃手続きと変わらない場合は，**軟性憲法**という。
(4)イ．**国会の権能**。

📝 テスト対策

●**日本国憲法の基本原理**
①**国民主権**…象徴天皇制
②**基本的人権の尊重**…個人として尊重
③**平和主義**…戦争の放棄，戦力の不保持，交戦権の否認

４　基本的人権の保障

基本問題 ●●●●●●●●●●●●● 本冊 *p.16*

⓱

答　(1) ① 教育　② 義務　③ 機会
④ 教育基本法　⑤ 勤労　⑥ 納税
(2) a オ　b キ　c ウ　d ア　e エ

検討　(1)**国民の三大義務**のほかに，基本的人権保持の義務，権利を濫用せず公共の福祉のために用いる義務の2つの一般的義務や，公務員の憲法尊重擁護義務が定められている。
(2)a．人権保障の目標や基準を，初めて国際的に宣言したものである。

⓲

答　(1) ○　(2) ×　(3) ×　(4) ○

検討　(2)公正と信義は，**公共の福祉**の誤り。
(3)政治道徳は，**法**の誤り。法律は平等に適用される必要があり，法そのものが不合理な差別を定めることも禁じられている。

⑲

答 (1) 表現　(2) 職業　(3) 健康
(4) 団結　(5) 裁判

検討 (2)職業選択の自由は**経済の自由**。
(4)勤労者が労働組合を結成し，運営する権利。

標準問題 ●●●●●●●●●●●●●●●●●●●● 本冊 *p.17*

⑳

答 (1) ① オ　② ウ　③ カ　④ イ　⑤ キ
(2) 男女雇用機会均等法
(3) B ア，カ　C イ，オ　D ウ，エ
(4) ⓐ 推定無罪(無罪の推定)　ⓑ 令状主義
ⓒ 黙秘権　(5) 政教分離の原則　(6) ウ

検討 (1)大日本帝国憲法下においても，国民の
権利はある程度保障されたが，天皇に与えら
れた**臣民の権利**にすぎず，**法律の留保**をとも
なうものであった。日本国憲法では，個人の
尊重・両性の本質的な平等などに基づいて，自
由権の拡大・生存権の保障などが明記された。
(6)自由権のうち，特に経済の自由は**公共の福
祉**による制限を強く受ける。

㉑

答 (1) ① オ　② エ　③ ウ
(2) 教育を受ける権利，勤労の権利
(3) プログラム規定説

検討 (1)**生存権**とは，資本主義の高度化にとも
なって現れた弊害から，国民の幸福な生活を
確保する権利。20世紀的基本権といわれる。
(2)第26条に，教育を受ける権利，義務教育
の無償を定める。第27条で勤労の権利・義務，
第28条で労働三権が規定されている。
(3)一方，国民の個々に対して具体的な権利を
認めているとする考えを，**法的権利説**という。

㉒

答 (1) ① 国民審査　② 住民投票
③ 国民投票　(2) 請願権
(3) ① 国家賠償請求権

② 刑事補償請求権　③ 裁判を受ける権利

検討 (1)①最高裁判所の裁判官に対する**国民審
査**は，任命後初めて行われる衆議院議員総選
挙の際，その後10年を経過した総選挙のた
びごとに行われることになっている。
②**特別法**とは，ある特定の地方公共団体だけ
に適用される法律。
(2)人権侵害に対する苦情や是正を訴える権利
であり，人権を保障するための能動的な権利。
(3)それぞれ，①第17条，②第40条，③第32
条に規定されている。

㉓

答 (1) A イ　B ウ，エ　C ア，エ
(2) B　(3) ① C　② B

検討 (1)A. **知る権利**とは，政府や企業などの
もつ情報を知る権利のこと。国民主権の原理
や表現の自由などの権利が根拠。
B. **プライバシーの権利**とは，個人の私生活に
ついて他人に知られないようにする権利であ
るとともに，個人の情報をコントロールする
権利でもある。個人の生命・自由および幸福
追求の権利が根拠。
C. **環境権**とは，快適な環境の中で生活する
権利。日照権，景観権，嫌煙権，静穏権など。
(3)②日本でも1980年代以降，多くの地方公
共団体で個人情報保護条例が制定され，国も
2003年に**個人情報保護法**を制定した。

5　平和主義

基本問題 ●●●●●●●●●●●●●●●●●●●● 本冊 *p.21*

㉔

答 (1) ① 戦争　② 交戦権
(2) ③ 非核三原則

検討 (1)**戦争の放棄**を定めた憲法は，諸外国に
も見られる。フランス第四共和制憲法(1946
年)，ブラジル憲法(1946年)，イタリア憲法
(1947年)などが，侵略と制裁を目的とする
戦争の放棄を定めている。また，ドイツ基本

法(1949年)には，侵略戦争を否定する規定がある。しかし，これらの憲法は，戦力の保持と交戦権を認めている。日本国憲法のように交戦権と軍備までをも否認している憲法は，コスタリカなどに少数の例があるだけで，画期的な意義をもっている。
(2)1967年の佐藤栄作首相の国会での答弁が，最初の**非核三原則**の表明であるとされる。

25

答 (1) 日米相互協力及び安全保障条約(新安保条約) (2) 自衛隊 (3) 個別的自衛権
(4) 国家安全保障会議(日本版NSC)
(5) アメリカ同時多発テロ事件

検討 (1)**新安保条約**は，新たに米軍の日本防衛義務，日米両国の共同防衛，事前協議などを定めた。1970年に自動延長され，継続。
(3)日本政府は，**個別的自衛権**は行使できるが，**集団的自衛権**は憲法に基づく自衛権の範囲をこえる，という見解を2014年までとってきた。
(4)**国家安全保障会議**(日本版NSC)は内閣総理大臣を議長とし，おもな国務大臣が参加する。

標準問題 •••••••••••• 本冊 *p.21*

26

答 (1)① イ ② カ ③ ア ④ エ
(2) 日米地位協定 (3) 集団的自衛権，安全保障関連法 (4) 沖縄県

検討 (1)②自衛隊をめぐる違憲訴訟は，恵庭事件，長沼ナイキ基地訴訟，百里基地訴訟などをめぐって展開されてきたが，自衛隊の合憲・違憲に関する最高裁判決は，いずれも明確な判断が示されないまま現在に至っている。
(2)**日米地位協定**は，日本に駐留する米軍の円滑な行動を確保するため，米軍の施設・区域の使用と，日本における米軍の地位について規定している。
(4)米軍の配置や装備の重要な変更などについては，日米両政府間で事前に協議を行うと定められている。

27

答 (1)① もたず，つくらず，もちこませず
② PKO協力法(国際平和協力法)
(2)③ ガイドライン ④ テロ ⑤ イラク
(3) 周辺事態 (4) イ

検討 (1)②**国連平和維持活動**(PKO)は，平和維持軍(PKF)，停戦監視団，選挙監視団などを派遣して，休戦・停戦の監視や治安の維持などの任務を行う。
(2)③ガイドラインの策定前は，安保条約があるにもかかわらず日米両国が緊急時にどのような防衛協力をするかについて，具体的な取り決めがなされていなかった。そこで，冷戦の激しかった1970年代に**旧ガイドライン**が初めて策定されることとなった。
(3)**周辺事態**における日米協力は，両国がそれぞれ主体的に行う活動，米軍の活動に対する日本の支援などに分類される。
(4)イ。海上自衛隊に公海上での取り締まりを認めるもの。

6 国会

基本問題 •••••••••••• 本冊 *p.24*

28

答 (1) 立法権 (2) 参議院 (3) 条約
(4) 内閣不信任決議 (5) 国政調査権
(6) 弾劾裁判所 (7) 免責特権

検討 (2)参議院は「**良識の府**」としての役割が期待されている。
(5)国会は，内閣の行った国政について調査し，証人の出頭や証言を求めたり，記録の提出を求めたりすることができる。

標準問題 •••••••••••• 本冊 *p.24*

29

答 (1)① エ ② ウ (2) ア
(3) a 予算 b 決算 (4) 二院制(両院制)

(5) c 衆議院　d 3分の2
e 両院協議会　f 60

検討 (1)①**代表民主制**，**間接民主制**ともいう。
(3) a．予定された歳入の範囲内で，重要度の
高い政策から優先して予算を割り当てる。
(4)**二院制**は多様な意見を反映し，審議を慎重
にするためにとられた制度。
(5)**衆議院の優越**事項の1つ，法律案の議決の
場合を考える。憲法第59条により判断する。

30
答 (1)① 緊急集会　② 本会議　(2) A
(3) 公聴会　(4) イ　(5) 国対政治
検討 (1)①**緊急集会**においてとられた措置は，
次の国会開会後10日以内に衆議院の同意が
なければ無効となる。
②**本会議**は総議員の3分の1以上，委員会は
2分の1以上の出席が必要となる。
(2)内閣またはいずれかの議院の総議員の4分
の1以上の要求がある場合に召集される**臨時
会**，衆議院解散後の総選挙の日から30日以
内に召集される**特別会**と区別する。
(3)予算と重要な歳入法案については，必ず**公
聴会**を開かなければならない。
(4)憲法第50条から判断。議員の**不逮捕特権**
や身分保障は議会政治にとって不可欠である。

7 内閣

基本問題 •••••••••••••• 本冊 p.27
31
答 (1) 国会議員　(2) 衆議院の解散
(3) 閣議　(4) 政令　(5) 省庁再編
(6) 行政指導　(7) 国家公務員倫理法
検討 (3)内閣の職務は一体のものとして行われ
る。閣議の決定には，すべての大臣の意見が
一致することが必要である。
(5)省庁再編は，大きくなりすぎた行政府を縮
小し，「**小さな政府**」をめざして行われた。

(7)公務員は職務を私的利益のために利用して
はならないこと，収賄など国民の不信を招く
行為をしてはならないことなどが定められた。

標準問題 •••••••••••••• 本冊 p.27
32
答 (1)① 行政　② 議院内閣制
(2) ⓐ イ　ⓑ 過半数が国会議員であること。
(3) ア，オ　(4) ⓒ 10　ⓓ 総辞職
(5) ⓔ オ　ⓕ イ　ⓖ ア　(6) 内閣府
検討 (1)②**議院内閣制**は，内閣が国民を代表す
る国会の信任の下に成立し，国会に対して責
任を負いながら行政事務を行う制度である。
(4)憲法では，次の場合に内閣は**総辞職**すると
している。1．内閣総理大臣が死亡・資格喪
失・辞表提出・国外亡命などによって欠けた
とき。2．衆議院総選挙後初めて国会が召集
されたとき。3．衆議院で不信任決議がなされ，
10日以内に衆議院を解散しないとき。

33
答 (1)① 官僚　② 行政　(2) 委任立法
(3) ⓐ 族議員　ⓑ 天下り　(4) ⓒ ア　ⓓ オ
検討 (1)①官僚の台頭は，機械的・形式的に行
政を行う**官僚主義**の弊害を招いた。
(2)国の立法のすべては国会によって行われる
こととされているが，例外として，内閣の政
令制定権などの**委任立法**がある。
(3)ⓑ**天下り**した元官僚が高額な報酬を受けて
いることに対して，国民の批判が高まった。
(4)ⓒ許認可の申請に対して，認めたり拒否し
たりする際に，行政機関が守るべきルールを
定めた法律が，**行政手続法**である。

┌ テスト対策 ┐
●**国会と内閣のしくみ**
①**国会**…国権の最高機関，国の唯一の立法
　　　　機関，二院制(衆議院の優越)
②**内閣**…議院内閣制，内閣総理大臣と国務
　　　　大臣

8 裁判所

基本問題 ••••••••••••••••• 本冊 *p.30*

③④

答 (1) ○ (2) × (3) ○ (4) × (5) ×

検討 (2)最高裁判所長官以外の裁判官の任命は，内閣による裁判所への抑制の働きの1つである。

(4)国民投票は**国民審査**の誤り。最高裁判所の裁判官は，就任後初めて行われる衆議院議員総選挙で国民審査に付され，その後10年経ってからの総選挙ごとに国民審査に付される。下級裁判所の裁判官は任期は10年であるが，再任されることができる。

③⑤

答 (1) 下級裁判所 (2) 民事裁判 (3) 原告 (4) 刑事裁判 (5) 検察官 (6) 被告人 (7) 三審制 (8) 再審制度 (9) 最高裁判所

検討 (9)最高法規である憲法に違反する行為は，裁判所の**違憲審査権**によって制限されており，終審裁判所である最高裁判所は「**憲法の番人**」であるといわれる。

③⑥

答 (1) 裁判 (2) 公開 (3) 司法制度 (4) 法テラス

検討 (2)裁判手続きの主要な1つ。裁判を国民の監視下におくことに注目する。

(3)司法を国民の身近なものにし，国民が利用しやすい裁判制度にするために，**司法制度改革**が実施された。

標準問題 ••••••••••••••••• 本冊 *p.31*

③⑦

答 (1) ① イ ② エ ③ カ ④ オ ⑤ ウ (2) エ (3) 弾劾裁判所 (4) ウ (5) ⓐ 控訴 ⓑ 上告 (6) 統治行為論

検討 (2)下級裁判所には，**高等裁判所・地方裁**

判所・家庭裁判所・簡易裁判所がある。

(3)弾劾裁判所は，地位にふさわしくない行為をした裁判官を辞めさせるかどうかを判断する裁判所である。

(4)ア. 刑事裁判で行われる。イ. 参審制に似ている。エ. 裁判員は裁判官とともに量刑の判断を行う。

(5)ⓐより上級の裁判所へ訴えて裁判を求める上訴のうち，第一審の判決を不服として上級の裁判を求めることを控訴という。なお，第一審の裁判に不服なとき，直接に第三審の裁判所に上訴する手段(飛躍上告，跳躍上告)もある。

(6)国会や内閣が，高度な政治判断に基づき，その政治的責任において行う**統治行為**は，違憲審査の対象にならないとされている。

9 地方自治

基本問題 ••••••••••••••••• 本冊 *p.33*

③⑧

答 (1) ○ (2) × (3) × (4) × (5) ○ (6) × (7) × (8) × (9) ○

検討 (2)ナショナル・トラストは**ナショナル・ミニマム**の誤り。国民の最低生活を保障するために国が設けた生活水準の基準で，生存権保障の基準となる。

(3)議院内閣制ではなく，**二元代表制**とよばれる大統領制に近い性質をもっている。

(4)政令は条例の誤り。

(6)(7)レファレンダムとイニシアティブが逆である。**イニシアティブ**は国民発案，住民発案ともいい，住民が条例の制定・改廃を地方公共団体の長に請求すること。

(8)自主財源は依存財源の誤り。

標準問題 ••••••••••••••••• 本冊 *p.33*

③⑨

答 (1) ① キ ② イ ③ オ ④ ア ⑤ カ (2) A 団体自治 B 住民自治 (3) エ

(4) ア　(5) リコール

検討 (1)③④議会が首長に対する不信任決議権
をもつ一方，首長は議会の解散権をもつ。
④⑤地方自治の制度には，住民が政治に直接
参加する**直接民主制**の原理に基づいた制度が
導入され，間接民主制の欠点を補完する。
(2)A．地方公共団体が，国から独立して行う
という意味から考える。
B．住民の意思により，住民みずからが行う
という意味から考える。
(3)一方で，イとウは都道府県のみにおかれる。
(5)**リコール**は，地方公共団体の主要公務員が
不適任である場合，住民が解職を請求する権
利のこと。

40

答 (1) ① ウ　② イ　③ エ　(2) 自治事務
(3) ア　(4) イ

検討 (2)1999 年の**地方分権一括法**の制定に
よって，戸籍事務や選挙事務など，地方公共
団体の長などが国から委任される**機関委任事
務**は廃止され，地方公共団体本来の仕事であ
る**自治事務**と，戸籍や旅券の交付などの**法定
受託事務**に分類されるようになった。
(3)近年，地方公共団体の自主財源（地方税な
ど）は増加する傾向にあるが，依然として地
方財政は大幅に国に依存している。イは地方
交付税，ウは国庫支出金，エは地方債。
(4)イ．国税の所得税から地方税の住民税へ約
3 兆円の税源が移譲された。このほか，地方
交付税の見直し，国から地方への補助金の削
減からなる。

✎テスト対策

●直接請求権

　直接請求に必要な有権者の署名数。
①**条例の制定・改廃，監査**
　…有権者の **50 分の 1 以上**
②**議会の解散，議員・首長などの解職**
　…原則として有権者の **3 分の 1 以上**

10 政党政治と選挙

基本問題 ●●●●●●●●●●●●●●● 本冊 *p.36*

41

答 (1) 与党　(2) 大衆政党
(3) 自由民主党（自民党）　(4) 金権政治
(5) 中道政党　(6) 構造改革

検討 (2)**名望家政党**は，18 ～ 19 世紀に議会の
中心となった，教養と財産をもつ有力者に
よって組織された政党のこと。
(4)**派閥**は，政治家の利害・思想などによって
結ばれた政党内の小集団。**族議員**は，特定の
省庁・業界とのつながりが強く，その政策分
野において強い発言力をもつ国会議員。

42

答 (1) 平等選挙　(2) 秘密選挙（秘密投票）
(3) ① エ　② ウ　③ イ　④ ア　⑤ ク
⑥ カ　⑦ キ　(4) 一票の格差
(5) マニフェスト（政権公約）

検討 (3)衆議院は**小選挙区比例代表並立制**。
2018 年の公職選挙法改正により，参議院議
員の定数は6人増えて242人から248人となっ
た。そのうち 148 人が選挙区選挙，100 人が
比例代表選挙で選出される。
(5)それまでの抽象的な選挙公約にかわって，
具体的な目標を掲げる**マニフェスト**が発表さ
れるようになった。

標準問題 ●●●●●●●●●●●●●●● 本冊 *p.37*

43

答 (1) ① エ　② キ　③ ア　④ ク　⑤ ウ
(2) エ　(3) ⓐ エ　ⓑ イ　(4) ウ
(5) 利益集団（圧力団体）

検討 (1)①②保守と革新が対抗し合う体制が，保
守優位の下で続いた。
④政党に対する行きすぎた政治献金が政治腐
敗に結びつくため，企業の政治献金規制を徹
底させる必要がある。1994 年と 1999 年の**政**

治資金規正法改正で，政治家個人・後援会・
資金管理団体への献金が禁止された。
⑤1994年の政治改革によって**政党助成法**が
制定され，政党への公費助成が決まった。

44
答 (1) ① エ ② カ ③ ウ ④ オ
(2) A イ B エ C ア
(3) 一票の格差を解消するため。 (4) ウ

検討 (1)②参議院の比例代表制は，2000年に
拘束名簿式から**非拘束名簿式**へ改正され，政
党の議席数は，政党名と候補者名を合計した
得票率に比例して決まる。なお，議席の配分
方法は1983年の比例代表制導入以来**ドント
式**が用いられている。
(2) A．一選挙区から1名の代表を選出する方
法を**小選挙区制**という。大政党に有利で，**死
票**が多くなる欠点をもつが，**二大政党制**をも
たらすことによって，有権者に政権を担当す
る政党を選択する機会を与えるといわれる。
B．比例代表制では**多党制**が生まれやすい。
C．選挙区から複数の代表を選出する方法を
大選挙区制といい，その一種が**中選挙区制**。
かつての衆議院議員総選挙は中選挙区制で行
われ，原則として一選挙区から3〜5名の代
表が選出された。これは，**派閥**が生まれたり，
多党化したりしやすい選挙区制度といわれる。
(3)2006年の東京都の有権者数は栃木県・群
馬県の5倍以上あるが，改正前の定数は両県
の2倍でしかない点に着目する。
(4)2013年の参議院議員選挙の前に公職選挙
法が改正され，**インターネット**を使った選挙
運動が解禁された。

11 世論と政治参加

基本問題 •••••••••••••••••• 本冊 *p.40*
45
答 (1) 世論調査 (2) マスメディア

(3) マスコミュニケーション (4) 第四の権力
(5) 利益集団 (6) NGO (7) NPO法

検討 (1)**世論調査**は，世論を都合のよいものに
誘導することも可能である。
(2)**マスメディア**は，情報社会とよばれる現代
社会において不可欠であり，国民の知る権利
の土台として，さまざまな情報を提供する。
(5)**利益集団**は圧力団体ともいい，農業協同組
合・日本経済団体連合会・日本医師会などが
これにあたる。

標準問題 •••••••••••••••••• 本冊 *p.40*
46
答 (1) ① オ ② イ ③ ア ④ キ
(2) ⓐ イ ⓑ エ
(3) メディア・リテラシー (4) エ

検討 (1)③かつては，マスメディアが三権を監
視する役割として，「**第四の権力**」という言葉
が使われたが，近年は批判的な意味合いで用
いられるようになってきた。
④政治家がマスコミを利用して，望む方向に
世論が形成されるように操作することもある。
(2)ⓐアは政府と市民が協力して公共政策をつ
くる試みである。ウは議会外で政策決定に影
響を及ぼす利益集団の代理人。
ⓑエ．電報は個人と個人を結ぶ通信手段で，
不特定多数に対して情報を発信する手段では
ない。
(3)自分にとって必要性のある情報とない情報，
信憑性のある情報とない情報を見分ける能力
を養う必要がある。

47
答 (1) ① キ ② エ ③ イ ④ ア (2) エ
(3) B NPO C NGO

検討 (1)①②大衆社会においては，巨大化した
官僚機構や政治制度に対する不信感から，個
人では政治に影響を及ぼすことができないと
いう無力感や，政治に対して無関心な態度が
生まれる。

(2)エ．国勢調査は人口・世帯の実態を調査するもので，国の統計の基礎資料となる。

(3)C．NGOは，市民が国境をこえて連帯し協力する，グローバルな活動である。

12 資本主義経済の成立と変容

基本問題 •••••••••••••••• 本冊 *p.43*

48

答 (1) ×　(2) ○　(3) ×　(4) ×

検討 (1)財は**サービス**の誤り。

(3)有効需要は**機会費用**の誤り。ある経済的行為を行う一方で，そのことによって放棄しなければならない利益のことを機会費用という。

(4)計画経済は**資本主義経済(市場経済)**の誤り。

49

答 (1) 産業革命　(2) 資本家階級
(3) アダム・スミス
(4) 夜警国家(小さな政府)　(5) 利潤

検討 (1)生産のしくみが人間の手による小規模なものから，工場で機械を使う大規模なものへと変化していった。

(3)**アダム・スミス**は古典派経済学の創始者(経済学の祖)。国家が個人の経済活動に干渉しない自由放任の考え方，「小さな政府」の国家観を確立した。

50

答 (1) 労働　(2) イノベーション(技術革新)
(3) 集積　(4) (フランクリン・)ローズベルト
(5) ケインズ　(6) 累進

検討 (2)**イノベーション(技術革新)**は，新しい生産方法，販路，原材料の供給先などを開発することによって達成される。

(3)工場設備が大規模になっていくにつれ，個人では企業をおこすことが困難になり，株式会社制度によって大量の資金を集める企業が増え，**資本の集積**が進んだ。

標準問題 •••••••••••••••• 本冊 *p.44*

51

答 (1) ① オ　② ウ　③ イ　(2) イ
(3) 資本主義経済(市場経済)

検討 (1)①②財やサービスの生産・分配・流通・消費に関するすべてのはたらきが経済。

(2)生産のために基本的に必要なのは，資本・労働力・土地で，これを**生産要素**という。

(3)資本主義経済においては，民間による自由な経済活動が経済に活力を与える。

52

答 (1) ① ウ　② ク　③ イ　④ エ
(2) A 資本家階級　B 労働者階級　(3) エ
(4) イノベーション(技術革新)　(5) ウ

検討 (3)政府の役割は国防や治安維持など必要最小限度にすべきであると主張した。

(5)「**見えざる手**」とは，アダム・スミスが『国富論』(『諸国民の富』)の中で用いた言葉。彼はその中で，個人や企業の利己心に基づいて経済活動を行っても，「見えざる手」(市場における価格の自動調節機能)がはたらいて，社会全体の利益がもたらされると説いた。

53

答 (1) ① ウ　② イ　③ オ
(2) 資本の集中　(3) 帝国主義
(4) 修正資本主義(混合経済)　(5) 有効需要

検討 (1)③1933年から恐慌克服のための**ニューディール政策**が始まり，TVA(テネシー川流域開発公社)の設立，農業調整法(AAA)・全国産業復興法(NIRA)・社会保障法(SSA)の制定などが実施された。

(4)このような政府による経済への介入の必要性を理論的に明らかにしたのが，イギリスの経済学者**ケインズ**である。

(5)ケインズは『雇用・利子および貨幣の一般理論』の中で，自由放任主義を批判し，失業をなくし完全雇用を実現するために，政府は積極的な有効需要の拡大政策をとるべきであ

ると主張した。

13 社会主義経済と現代の資本主義経済

基本問題 ••••••••••••••••• 本冊 *p.47*

54

答 (1) ロシア革命

(2) 中華人民共和国(中国)

(3) ソビエト連邦(ソ連)

(4) 独立国家共同体(CIS)

(5) 一国二制度

検討 (1)**レーニン**の率いるボリシェビキが，プ
ロレタリア独裁をめざして蜂起し，初の社会
主義国家を樹立した。

(5)香港はイギリス，マカオはポルトガルの統
治の下で，資本主義経済が発達した。

55

答 (1) 所有 (2) グローバル

(3) グローバル・スタンダード (4) 直接投資

(5) 小さな (6) リーマン

検討 (1)**株式会社**では，会社の所有者は出資者
である株主であるが，実際の経営は経営者(取
締役)によって運営されることが多い。

(4)投資先の企業の経営支配を目的に，国際間
で行われる資金移動を**直接投資**という。

標準問題 ••••••••••••••••• 本冊 *p.47*

56

答 (1) ① イ ② エ ③ ア

(2) 労働価値説 (3) 計画経済

検討 (1)①**マルクス**はドイツの哲学者・経済学
者。エンゲルスとともに『共産党宣言』を著
し，労働者に団結をよびかけた。また，主著
『資本論』で資本主義経済の構造を科学的に
分析し，社会主義成立の理論的主張を行った。

(3)社会主義経済の特徴としては，計画経済の
ほか，生産手段の社会的所有，所得の平等分

配などがあげられる。

57

答 (1) ① エ ② ア (2) フリードマン

(3) ウ (4) ア，エ

検討 (1)①**新自由主義**は，政府の介入に重きを
おくケインズの主張に反対し，貨幣政策によ
り景気や物価を安定させることを重視した。

(2)**フリードマン**は『資本主義と自由』などの
著書で，規制撤廃・郵政改革などを主張した。

(3)**ウ**．グローバル・スタンダード(製品規格
や経済制度などの世界標準化)は，20世紀後
半のグローバル化によって進行した。

(4)**ア**．実体経済から金融経済への移行は，
リーマン・ショックによる景気後退に象徴さ
れる。

エ．直接投資と投機の両面で，国際的な資本
移動が進んだ。

14 市場経済の機能と限界

基本問題 ••••••••••••••••• 本冊 *p.50*

58

答 (1) 貯蓄 (2) 資産効果 (3) 企業

検討 (2)逆に，資産価値の下落が消費の減退を
もたらす現象は，**逆資産効果**とよばれる。

59

答 (1) ○ (2) × (3) ○ (4) ○ (5) ×

(6) × (7) × (8) ○ (9) ○ (10) × (11) ×

検討 (2)価格の自動調節機能(自動調整作用)は
資源の効率的配分の誤り。

(5)上昇は**下落**の誤り。

(6)資源の効率的配分は**価格の自動調節機能
(自動調整作用)**の誤り。

(7)イノベーションは**市場の失敗(市場の限界)**
の誤り。

(10)(11)外部不経済と外部経済が逆である。

60

答　(1) デファクト・スタンダード　(2) 独占
(3) 管理価格　(4) 独占禁止法

検討　(1)パソコンのOS（基本ソフト）のウィンドウズ，光ディスクのブルーレイなどがデファクト・スタンダードにあてはまる。
(4)**独占禁止法**の正式名称は，「私的独占の禁止及び公正取引の確保に関する法律」である。

標準問題 ●●●●●●●●●●●● 本冊 *p.51*

61

答　(1)① オ　② エ　③ ア　④ ウ　⑤ イ
(2) ウ　(3) イ　(4) 消費支出

検討　(1)家計・企業・政府という3つの経済主体の間で，貨幣を仲立ちとして財やサービスが循環する経済の構造を**経済循環**という。
(2)家計が提供する労働力は賃金，資本は利子，土地は地代の形で，家計の所得となる。
(3)補助金は，政府が企業に対して交付するもの。財・サービスは，企業から政府・家計に提供されるもの。

62

答　(1) ⓐ ア　ⓑ イ　ⓒ イ　ⓓ イ
(2) ① ウ　② ア　③ イ　(3) 均衡価格
(4) 自動調節機能（自動調整作用）

検討　(1)需要と供給の関係により決定した価格を均衡価格という。
(2)②例えば，工場から出る二酸化炭素排出量の削減などによって，政府は環境破壊を軽減することができる。
③**公共財**は，利用者を特定しない**非排除性**，すべての人々がサービスを受けられる**非競合性**という性質をもつ。

63

答　(1)① エ　② カ　③ ア　④ キ
(2) ⓐ トラスト（企業合同）
ⓑ カルテル（企業連合）
(3) ⓐ プライス・リーダー（プライス・メーカー）　ⓑ ウ　(4) 非価格競争

検討　(3)**管理価格**は，寡占市場において，企業側が生産費に一定の利潤を加えて設定する価格であり，**価格の下方硬直性**が見られる。アの公共料金は，議会の議決や政府の決定，認可によって決まる，電気・ガス・水道・運輸などの価格。イの競争価格は，市場価格と同じ意味で用いられ，需要と供給の変化により変動する価格。エの統制価格は，政策上の必要から国家や地方公共団体が価格決定に関与して定めた価格。広義には，公共料金（公定価格）も統制価格にふくまれる。

テスト対策
●**市場のはたらき**
①競争市場…需要と供給の法則，価格の自動調節機能（自動調整作用），市場メカニズム
②市場の失敗…寡占市場，独占市場，管理価格，価格の下方硬直性，非価格競争

15　生産のしくみと企業

基本問題 ●●●●●●●●●●●● 本冊 *p.54*

64

答　(1) 減価償却費　(2) 会社（会社企業）
(3) 合名会社　(4) 株主
(5) 有限責任　(6) 株主総会
(7) 内部留保　(8) 自己資本
(9) 研究開発(R&D)
(10) リストラクチャリング（事業再構築）
(11) 社債　(12) ステークホルダー

検討　(1)資産の取得価格を，その使用可能な年数に応じて，価値の減少する資産として経費を計上する方法である。
(4)出資者は株式を所有する。株主には企業の利潤の一部が配当として分配される。会社の規模が大きくなるほど，銀行や保険会社など法人による株式の所有（法人株主）が増加する。
(8)他人資本と異なり，自己資本には返済義務

がない。

65

答 (1) 多国籍企業
(2) コングロマリット(複合企業)
(3) 持株会社制度
(4) キャピタルゲイン
(5) 企業情報の開示(ディスクロージャー)
(6) 企業統治(コーポレート・ガバナンス)

検討 (2)**コングロマリット**は，いくつもの異なった分野にわたる企業がグループにまとまったもの。近年は，コングロマリットよりもゆるい業務提携を結ぶグループが多い。
(6)株主をはじめとする利害関係者(ステークホルダー)の利益を最大の目標として，適切な**説明責任(アカウンタビリティ)**を果たすために必要なしくみが，**企業統治**である。

標準問題 ●●●●●●●●●● 本冊 *p.55*

66

答 (1)① ウ ② オ ③ イ ④ エ
(2) イ (3) 所有と経営の分離

検討 (1)②**持株会社**本社はグループ全体の戦略を練り，傘下の事業会社は事業推進に専念することができる。
④**M&A**には1つの企業全体を買い取る**買収**と，複数の企業が1つにまとまる**合併**がある。
(2)企業の利益から税金・配当などを差し引いた残りが**内部留保**となる。ア・ウ・エはいずれも他人資本である。
(3)個人株主は，株式の所有によって配当や株価の値上がりによる利益を得ることに関心があり，経営には直接参加しない傾向がある。

67

答 (1) ウ (2) エ
検討 (1)寄付・ボランティア支援などの事業は，**企業の社会的責任(CSR)**の中心を占める。近年は，社会貢献と利益追求を両立させた慈善事業を推進する企業も増えている。

(2)企業が**法令遵守(コンプライアンス)**を追求するためには，内部からの告発も必要となる。2006年には，内部告発者を保護するため，**公益通報者保護法**が施行された。

16 国民所得と経済成長

基本問題 ●●●●●●●●●● 本冊 *p.57*

68

答 (1) 国富 (2) GDP (3) GNI
(4) 付加価値 (5) NNP (6) NI
(7) 三面等価の原則 (8) NNW

検討 (2)**GDP**は，国内で働いている外国人の所得はふくむが，外国で働いている日本人の所得はふくまない。
(5)**固定資本減耗(減価償却費)**は，設備を更新するために取りおかれる費用のこと。

69

答 (1) × (2) ○ (3) × (4) × (5) ×
(6) ○ (7) × (8) ○ (9) ×

検討 (1)実質経済成長率は**名目経済成長率**の誤り。
(3)(4)**不況**と**好況**が逆である。
(5)キチンの波は**コンドラチェフの波**の誤り。
(7)消費者物価は**企業物価(卸売物価)**の誤り。
(9)デフレーションは**インフレーション**の誤り。

標準問題 ●●●●●●●●●● 本冊 *p.58*

70

答 (1)① イ ② オ ③ ウ ④ カ ⑤ エ
⑥ ア (2) 国富 (3) 社会資本
(4) 固定資本減耗(減価償却費) (5) ア

検討 (1)①②一定期間における経済活動で生み出される量を示す指標を**フロー**，ある時点における国民経済の蓄えの量を示す指標を**ストック**という。住宅・機械・道路などは蓄えられるので，ストックになる。
(3)生活や産業活動に欠かせない基盤施設で，**インフラストラクチャー**ともよばれる。

71

答 (1) GDP　(2) エ，GDPデフレーター
(3) 国民純福祉

検討 (2)(450－400)÷400×100により12.5％。
(3)国民所得に余暇などをプラスし，公害など
をマイナスした指標が**国民純福祉**である。

72

答 (1)① オ ② エ ③ イ ④ ア
(2)ⓐ エ ⓑ イ (3)ⓐ ウ ⓑ イ ⓒ ア
(4) ウ　(5) 恐慌

検討 (1)②～④**景気変動（景気循環）**は資本主義
経済の特徴である。ふつうは好況・後退・不
況・回復の4つの局面が循環し，経済は景気
循環を繰り返しながら成長する。
(2)ⓐ1990～2000年代の日本経済は，デフ
レーションが賃金下落や雇用減少を招き，そ
れがさらに消費需要の低迷や景気の後退をも
たらすという悪循環（デフレスパイラル）にお
ちいった。
(3)キチン・ジュグラー・クズネッツ・コンド
ラチェフの波の順に，周期が長くなっていく。

┌─ 📝テスト対策 ─────────────┐
●**国民経済の指標**
国内総生産＝国内企業の付加価値の合計
国民総所得＝国内総生産＋海外からの純所得
国民純生産＝国民総所得－固定資本減耗（減
　　　　　　　価償却費）
国民所得＝国民純生産－間接税＋補助金
└───────────────────────┘

17 金融のしくみ

基本問題 ●●●●●●●●●●●●● 本冊 p.61

73

答 (1) 現金通貨　(2) 当座預金
(3) マネーストック　(4) 金本位制
(5) 管理通貨制度

検討 (4)(5)1930年代，各国は世界恐慌による
不況の克服のため，**金本位制**から**管理通貨制**

度に移行した。

74

答 (1) 直接金融　(2) 間接金融
(3) 短期金融市場　(4) 利子（利息，金利）
(5) 金融仲介　(6) 支払決済
(7) 信用創造　(8) 政府の銀行
(9) 売り（資金吸収）オペレーション
(10) 日本版金融ビッグバン
(11) 自己資本比率　(12) 金融庁

検討 (8)**日本銀行**はわが国の**中央銀行**であり，
唯一の「**発券銀行**」として日本銀行券の発行
を独占している。また，税金などの国庫金の
保管・出納などを行う「**政府の銀行**」である
とともに，市中金融機関との取り引きを行う
「**銀行の銀行**」でもある。

標準問題 ●●●●●●●●●●●●●● 本冊 p.62

75

答 (1)① カ ② ウ ③ イ
(2) ペイオフ制度　(3) ウ　(4) 不良債権
(5) 増やす
(6) 公開市場操作（オペレーション）

検討 (1)①銀行は，預金の一部を支払準備とし
て手元に残し，あとは貸し出しに回す。貸し
出されたお金は，取り引きの資金として利用
されるが，やがて再びどこかの銀行に預金さ
れる。これを繰り返すことによって，銀行全
体としては，最初の預金額の何倍もの預金通
貨をつくり出す。これを**信用創造**という。
③日本銀行は，**無担保コールレート（翌日物）**
の金利を政策金利として誘導することで，通
貨量を調整している。
(2)**ペイオフ**は，金融機関が破綻したときに預
金者を保護するための制度である。1000万
円をこえる部分については，金融機関の財務
状況によって戻ってくることもある。
(3)銀行が日々の支払いのために保有している
現金通貨などの，預金残高に占める割合を，
支払準備率（預金準備率）という。最初の預金

5,000万円から支払準備率10％を除いた4,500万円が銀行から貸し出され，次の銀行にまた10％を除いた4,050万円が貸し出される。5,000万＋4,050万＋3,645万……を計算していくと，最終的に預金は10倍の5億円(貸出金の増加額は当初の5,000万円を引いた4億5,000万円)となる。

(4)**バブル経済の崩壊**により，過度の不動産投資を展開していた企業の資金繰りが破綻し，金融機関の不良債権がふくらんだ。

18 財政のしくみ

基本問題 •••••••••••••• 本冊 *p.64*

❼❻
答 (1) 歳入 (2) 本予算
(3) 財政投融資 (4) 財政政策
(5) 資源配分の調整 (6) 好況
(7) ビルト・イン・スタビライザー
(8) 租税法律主義 (9) シャウプ勧告
(10) 累進課税(制度) (11) 国債

検討 (3)2001年より**財政投融資制度**が改革され，これまでの郵便貯金や厚生年金・国民年金の保険料などからなる資金運用部資金が廃止され，財政融資資金が新設された。また，特殊法人が自主運営し，財投機関債を発行して資金を調達するようになった。

(7)**ビルト・イン・スタビライザー**の機能をもつ制度としては，社会保障制度・累進課税制度などがある。

(8)日本国憲法第84条「あらたに租税を課し，又は現行の租税を変更するには，法律又は法律の定める条件によることを必要とする」において，**租税法律主義**が掲げられている。

(10)所得が多くなるにつれて高い税率が適用される**累進課税制度**は，所得税や相続税などに採用されている。

(11)国債において，財政法第4条で公共事業のために発行する建設国債は認められている。

一方，税収不足をまかなう**特例国債(赤字国債)** は同法で認められておらず，特別立法を必要とする。

❼❼
答 (1) プライマリー・バランス
(2) 財政の硬直化 (3) 少子高齢化
(4) 消費税

検討 (1)**基礎的財政収支(プライマリー・バランス)** がプラスであれば，国民の税負担によって歳出がまかなえていることになる。現在の日本では，巨額の国債発行が続けられているため，プライマリー・バランスは大幅なマイナスである。

(2)**国債**は国の借金(債務)なので，利子を支払い，元金を償還する義務がある。国債の元利払いに当てられる国債費が，現在，国の一般会計歳出の大きな割合を占め，他の施策に当てられるべき支出が圧迫されるという**財政の硬直化**が問題となっている。

標準問題 •••••••••••••• 本冊 *p.65*

❼❽
答 (1) ① カ ② ウ ③ ア ④ オ ⑤ イ
(2) エ (3) フィスカル・ポリシー (4) B
(5) エ (6) イ

検討 (1)①～⑤財政の役割には，公共財を提供して社会資本を充実させる**資源配分の調整**，所得の再分配，景気の安定化がある。

(2)消費税などの**間接税**は，税負担者の所得額に関係なく一律に課税されるため，低所得者ほど所得に対する負担率が高くなるという弊害がある。この問題を**逆進性**という。

(3)不況期には公共事業の拡大や減税の実施などによって総需要を増やし，景気を回復させようとする。好況期には財政支出を削減して景気の過熱を防ぐ。このように，政府は収入と支出の活動を手段として景気調整を行う(**フィスカル・ポリシー**)。

19 日本経済の発展

基本問題 •••••••••••••••••••••• 本冊 *p.67*

79
答　(1) 財閥　(2) インフレ　(3) 経済安定
(4) ドッジ・ライン　(5) 労働三権
(6) 朝鮮戦争
検討　(4)GHQの財政顧問となったデトロイト
銀行頭取ジョゼフ・ドッジによって，財政・
金融・通貨にわたる経済安定計画が示された。

80
答　(1) 神武景気　(2) いざなぎ景気
(3) IMF-GATT体制　(4) 集積の経済
(5) 国民所得倍増計画
検討　(2)このころ，所得水準の上がった国民の
需要が伸びて，3C(クーラー，カラーテレ
ビ，自動車)が急速に普及した。
(3)ブレトン・ウッズ体制ともいう。為替相場
を安定させ，自由貿易を推進した。

標準問題 •••••••••••••••••••••• 本冊 *p.67*

81
答　(1) ① ウ　② ア　③ エ　④ カ　(2) ウ
検討　(1)①限られた資金・資材・労働力を，石
炭・鉄鋼・肥料などの基幹産業に重点的に投
入し，産業の土台を固めようとした。
②復金融資のための資金を，日銀引き受けの
復金債でまかなったため，インフレーション
を招いた。これを復金インフレという。
④1950年，朝鮮戦争が勃発すると，米軍が
調達する軍事物資などの特別需要(特需)に
よって好況となり，翌年には鉱工業生産が戦
前の水準を回復した。朝鮮戦争が終結した
1953年には，実質国民所得や消費水準も戦
前の水準を上回った。
(2)ウは国民所得倍増計画の政策。ドッジ・ラ
インは経済安定9原則の具体化のため，超均
衡財政，新規貸し出しの停止，単一為替レー
トの設定，復興金融金庫融資の停止などを計画。

テスト対策
●日本経済の歩み
①特需景気…戦後復興期。朝鮮戦争による。
②高度経済成長…1950年代半ば〜1970年
　代初め。第1次石油危機(オイル・ショッ
　ク)で終わる。
③安定成長…1980年代〜。バブル崩壊を
　経て低成長へ。

82
答　(1) ① イ　② キ　③ エ　④ カ
(2) A ウ，エ　B ア，イ
(3) イ→エ→ウ→ア　(4) イ　(5) ア
検討　(4)(5)日本経済は高度経済成長期に毎年平
均10％程度の経済成長を続け，1968年には資
本主義国でアメリカに次ぐGNP世界第2位と
なった。その間，日本経済は大きく発展した
が，物価の上昇，都市問題・公害問題の深刻
化など，経済成長にともなうマイナス面も目
立つようになった。

20 産業構造の変化と日本経済の現状

基本問題 •••••••••••••••••••••• 本冊 *p.70*

83
答　(1) スタグフレーション　(2) 内需主導
(3) 高度化　(4) ソフト化　(5) 日米構造協議
(6) 円高　(7) バブル
検討　(3)イギリスの経済学者クラークは，産業
を第一次・第二次・第三次産業に分類し，経
済発展とともに第二次・第三次産業の比重が
増大することを指摘した(ペティ・クラーク
の法則)。
(4)情報産業，外食産業，教育・運輸・医療・
福祉などのサービス産業の比重が高まること
は，経済のサービス化とよばれる。

84
答　(1) リストラクチャリング(リストラ)

(2) 小泉純一郎^{こいずみじゅんいちろう}

(3) サブプライムローン問題

<u>検討</u> (2)小泉首相は「官から民へ，国から地方へ」の理念を掲げ，郵政事業民営化を実現するとともに，不良債権^{ふりょうさいけん}処理・公共事業削減などの痛みをともなう改革を積極的に進めた。

(3)**サブプライムローン**は，信用力の低い個人を対象とした住宅ローンで，審査基準^{しんさきじゅん}をゆるくした分，金利を高く設定した。2007年頃，返済に行き詰まるケースが急増し，住宅ローン会社の破綻^{はたん}が相次いだ。

標準問題 •••••••••••••••••• 本冊 *p.70*

85

<u>答</u> (1) ① オ ② イ ③ カ ④ ウ

(2) エ (3) 産業の空洞化^{くうどう} (4) イ

<u>検討</u> (1)③G5(先進5か国財務相・中央銀行総裁^{そう}会議^{さい})が，ニューヨークのプラザホテルで行われた。

(3)**プラザ合意**の後，急速に円高^{えんだか}が進行したためにおきた不況に対し，日銀は金融緩和^{きんゆうかんわ}政策をとった。その結果，余剰資金が株・債券・土地などに投機的に投資され，資産価格が急騰^{とう}し，**バブル経済**が発生した。

(4)アは高度経済成長期のこと。ウの「狂乱物価」は第1次石油危機^{さいけん}後の現象。エについては1997年に山一証券^{やまいちしょうけん}が破綻している。

86

<u>答</u> (1) ① ウ ② オ ③ イ

(2) 失われた10年 (3) ア

<u>検討</u> (2)政府の土地政策や日銀の金融引き締め策などを背景に，1990年には株価が大暴落^{ぼうらく}した。また，過度の不動産投資を展開した企業の資金繰りが破綻し，金融機関は不良債権を抱えた。銀行・証券会社などの不祥事^{ふしょうじ}も発覚し，**バブル経済は崩壊^{ほうかい}**した。こうした金融不安や国内需要の落ち込みに，円高の影響も加わり，1990年代後半は景気が低迷した。

21 中小企業と農業

基本問題 ••••••••••••••••• 本冊 *p.73*

87

<u>答</u> (1) 下請け^{したうけ} (2) 二重構造

(3) 中小企業基本法 (4) ニッチ

(5) ベンチャー・ビジネス

<u>検討</u> (2)**高度経済成長期**には，企業が生産性の高い大企業と，生産性の低い中小企業の二層に分かれ，経済の二重構造とよばれた。

(5)新技術や高度の知識を軸^{じく}に創造的・冒険的な経営を展開する知識集約的な中小企業(事業)のことを，**ベンチャー・ビジネス**という。

88

<u>答</u> (1) 農地法

(2) 食料・農業・農村基本法(新農業基本法)

(3) 副業的農家 (4) 食糧管理^{しょくりょう}制度

(5) 食糧法(新食糧法)

<u>検討</u> (4)**食糧管理制度**により，政府が生産者米価^{せいさんしゃべい}に基づいて米を安定的に購入したため，農家は他の作物への転作を進めなかった。

標準問題 ••••••••••••••••• 本冊 *p.73*

89

<u>答</u> (1) ① エ ② オ ③ ア ④ キ

(2) エ (3) ウ

<u>検討</u> (1)①**中小企業基本法**では，製造業・建設業・運輸業などでは従業員300人以下または資本金3億円以下，卸売業^{おろしうり}では従業員100人以下または資本金1億円以下，小売業・サービス業では従業員50人(サービス業では100人)以下または資本金5,000万円以下の企業が**中小企業**と定められた。

③中小企業は，大企業の**下請け^{したうけ}**としての事業活動を行う場合が多い。「**景気の安全(調整)弁**」として，2度の石油危機や円高^{えんだか}で大きな

犠牲を強いられてきた。

(3)ウ．「**かんばん方式**」は，後工程が前工程から必要なだけの部品を調達するというもの。

90

答 (1)① ア ② カ ③ オ ④ エ
⑤ ケ (2)Ａ ア Ｂ エ (3)関税 (4) ウ

検討 (1)①日本の農業の特徴は，約50％の農家が耕地面積1ヘクタール未満という小規模・零細経営で労働集約的な農業経営を行っている点である(2021年)。また，数種類の作物による複合経営が中心で，機械化・多肥料による経済的な負担が大きい。
③自給的農家を除いたものを**販売農家**といい，1995年より，販売農家の分類が，**主業農家，副業的農家**などへと変わった。
④米は生産過剰に陥り，消費者米価と生産者米価の**逆ざや**により，食糧管理特別会計の赤字が増大した。このため，1970年から米の作付を制限する**減反政策**がとられた。
(2)Ｂ．主食である米は97％を自給しているが，日本の食料自給率(カロリーベース)は37％と，先進諸国の中で最も低い水準にあり，小麦や大豆はほとんど輸入に頼っている(2020年度)。
(3)関税さえ支払えば自由に輸入できるようにすることを，関税化という。

22 消費者問題

基本問題 ●●●●●●●●●●●●●●●● 本冊 *p.76*

91

答 (1) 消費者主権 (2) 情報の非対称性
(3) デモンストレーション効果
(4) 多重債務 (5) 産地表示

検討 (1)**消費者主権**の考え方は，現代社会では，消費者が商品選択の自主性を失ったことに対する消費者運動の側からの反省の概念としてとらえることができる。

92

答 (1) 安全 (2) 消費生活センター
(3) 消費者基本法 (4) 製造物責任法
(5) クーリング・オフ制度 (6) 不実告知
(7) 消費者団体訴訟 (8) 消費者庁

検討 (1)1962年，アメリカの**ケネディ大統領**は，特別教書で「**消費者の4つの権利**」として，1.安全を求める権利，2.正確な情報を知る権利，3.商品を選ぶ権利，4.意見を聞いてもらう権利を示した。この考え方は，その後の世界の消費者保護運動の基本となり，日本の消費者保護基本法にも採用された。
(5)訪問販売や割賦販売などでは，消費者が購入の申し込みをして代金を支払ったあとでも，一定の期間内(訪問販売や割賦販売では8日以内)は無条件で契約を解除できる(**クーリング・オフ制度**)。

標準問題 ●●●●●●●●●●●●● 本冊 *p.77*

93

答 (1)① ウ ② カ ③ オ
(2) 依存効果
(3) 無過失責任制度 (4) ウ
(5) ⓐ 消費者契約法 ⓑ 消費者庁
(6) 消費者が契約を結んだあとでも，一定期間内なら無条件で契約を解除できる制度。
(7) エシカル(倫理的)消費

検討 (1)①**消費者保護基本法**では，1.危害の防止，2.計量の適正化，3.規格の適正化，4.表示の適正化，5.苦情処理体制の整備などが定められた。
(2)テレビ・新聞・雑誌などによる広告・宣伝の発達が，**依存効果**の一因となった。
(3)PL法の定める製造物には大量生産された工業生産が該当し，農林水産物・ソフトウェアなどは対象とならない。
(5)ⓑ食品偽装や電気器具の欠陥による事故が社会問題となり，これらへの迅速な対応のため**消費者庁**が新設された。

23 公害防止と環境保全

基本問題 ••••••••••••••••••• 本冊 *p.79*

94

答 (1) 大気汚染
(2) 四日市ぜんそく
(3) 環境省
(4) 環境基本法
(5) 環境アセスメント(環境影響評価)
(6) 汚染者負担
(7) 総量規制
(8) ゼロ・エミッション
(9) 循環型社会形成推進基本法

検討 (1)これらを**典型7公害**といい, 騒音, 大気汚染, 悪臭の順に苦情件数が多い(2020年)。
(2)高度経済成長の過程で多様な**産業公害**がおこった。企業が利潤追求を最優先して公害防止の投資を怠ったことや, 国の産業優先政策による公害規制の甘さなどが原因とされる。
(5)1976年の川崎市をはじめとして, 北海道, 神奈川県などの地方公共団体で, 独自の環境アセスメントの条例が制定されていった。
(7)施設ごとの排出規制ではなく, 地域全体に許容される総排出量を規定し, 全企業に割り当てるしくみである。

95

答 (1) ラムサール条約 (2) ◯
(3) オゾン層破壊 (4) ◯
(5) 生物多様性条約 (6) ◯ (7) ◯

検討 (2)二酸化炭素やフロンガス・メタンガスなどの増加が, 地球温暖化の原因とされる。温暖化の対策として, 1992年の国連環境開発会議で**気候変動枠組み条約**が調印された。1997年には第3回締約国会議が開かれ, **京都議定書**が採択された。
(5)**生物多様性条約**は, 生物の多様性の保全, 生物資源の持続可能な利用, 遺伝資源の利用から生じる利益の公正かつ公平な配分の3点を目的としている。

標準問題 ••••••••••••••••••• 本冊 *p.80*

96

答 (1) ① キ ② ウ ③ カ ④ イ ⑤ ク
(2) エ (3) 環境基本計画
(4) リデュース(減らす), リユース(再使用),
リサイクル(再生利用)

検討 (1)ケの**公害健康被害補償法**は1973年に制定された法律で, 公害防止, 公害による被害者救済の取り組みを進めた。
④**汚染者負担の原則(PPP)**は, 公害の発生者が公害防止や被害者救済のための費用を負担すべきであるという原則である。
(2)四日市ぜんそくは大気汚染, **水俣病・新潟水俣病**は水質汚濁, **イタイイタイ病**は水質汚濁や土壌汚染を原因とする。いずれの訴訟も被告となった巨大企業の社会的責任が裁かれ, 原告の患者側が全面勝訴した。
(4)Reduce(廃棄物の発生抑制)は, 省資源化や長寿命化といった取り組み。Reuse(再使用)は, いったん使用された製品を回収し製品として再使用をはかる取り組み。Recycle(再生利用)は, いったん使用された製品を回収し, 原材料としての利用, 焼却熱のエネルギーとしての利用をはかる取り組み。

97

答 (1) ① オ ② ア ③ カ ④ エ
(2) 砂漠化 (3) 持続可能な開発 (4) ア

検討 (1)③ 1992年の**国連環境開発会議(地球サミット)**では, 「持続可能な開発」を基本理念に, 「リオ宣言」「アジェンダ21」のほか, 地球温暖化防止のための気候変動枠組み条約, 生物多様性の保全と遺伝子資源の利益の公平な分配のための生物多様性条約, 森林の保全や持続的開発の達成に貢献する「森林原則声明」などが採択された。

98

答 (1) イ (2) エ (3) カ→エ→ア→ウ
検討 (1)1993年, 地球環境問題に対応するため,

公害対策基本法に代わって**環境基本法**が制定された。**環境影響評価法**の制定は1997年。アは2002年，ウは2000年，エは2009年。

(2)3Rの取り組みは，**ゼロ・エミッション**社会実現のために欠かせない。

(3)国連環境開発会議(1992年)→気候変動枠組み条約第3回締約国会議(1997年)→環境・開発サミット(2002年)→京都議定書の発効(2005年)→生物多様性条約第10回締約国会議(2010年)の順である。イは1973年，オは1987年。

24 雇用と労働問題

基本問題 •••••••••••••••• 本冊 *p.83*

99

答 (1) インターナショナル　(2) 治安

(3) ILO　(4) 労働組合　(5) 不当労働行為

(6) 労働委員会　(7) 8

検討 (1)**第1インターナショナル**は，1864年にロンドンで，**第2インターナショナル**は1889年にパリで結成された。

(2)**治安維持法**はおもに社会主義運動の広まりを防ぐことを目的とし，これにより国民の思想・結社などの自由が制限された。

100

答 (1) 年功序列賃金

(2) リストラクチャリング(リストラ)

(3) 非正規雇用　(4) 派遣労働者

(5) 同一労働同一賃金　(6) ニート(NEET)

(7) ワークシェアリング

検討 (3)固定した職業につかない**フリーター**とよばれる人々や**テレワーク**とよばれる自宅勤務の形態も増加している。

(5)正社員に比べて劣る非正規労働者の労働条件を改善し，多様な働き方を自由に選択できるようにするため，同じ労働をした者に対しては時間あたり賃金を同じにする**同一労働同一**賃金の原則が2021年より全面的に施行された。

標準問題 •••••••••••••••• 本冊 *p.84*

101

答 (1)① オ　② ク　③ カ　④ ア　⑤ エ

(2) 免責　(3) ア

(4) 出産・子育てにより仕事を離れる女性が多いため。

(5) 最低賃金法

(6) ワーク・ライフ・バランス

検討 (1)①**労働三法・労働三権**については，日本国憲法第27条に規定されている国民の勤労権と勤労条件の保護のため，労働基準法(1947年)を制定。また，憲法第28条に規定されている勤労者の団結権・団体交渉権・団体行動権(争議権)の労働三権を具体的に保障するため，労働組合法(1945年)・労働関係調整法(1946年)を制定。

③**男女雇用機会均等法**は1997年に改正され，それまで努力義務とされていた男女平等待遇が禁止規定とされた。

④男女を問わず介護を必要とする家族を抱えた労働者は，約3か月を限度として介護休業および勤務時間の短縮が保障される。しかし，所得保障が十分でないなど，課題も多い。

⑤大企業を中心に，就職した企業に定年まで勤める**終身雇用**と，就業年数で賃金を決める**年功序列賃金**を採用する例が多かった。

(2)正当な争議行為によって使用者が損害を受けたとしても，労働組合またはその組合員に対して賠償を請求することはできない。

┌─────────────────────┐
│ 🖊 **テスト対策**
│ ●**労働環境の改善**
│ ①**労働基本権の確立**…勤労権(日本国憲法第27条)と労働三権(日本国憲法第28条)の保障，労働三法の制定
│ ②**労働環境の変化**…日本的経営方式の変化，労使関係の改善，非正規雇用
└─────────────────────┘

25 社会保障と福祉

基本問題 •••••••••••••••• 本冊 p.86

⑩2

答 (1) ドイツ　(2) ベバリッジ報告
(3) 国際労働機関　(4) 日本国憲法
(5) 医療保険　(6) 介護保険
(7) 公的扶助　(8) 公衆衛生

検討 (1)ビスマルクは疾病保険法と同時に社会主義者鎮圧法を制定し、「アメとムチの政策」をしいた。
(2)日本の社会保障も、イギリスの**ベバリッジ報告**による社会保障制度が基礎となっている。

⑩3

答 (1) ×　(2) ○　(3) ○　(4) ×　(5) ×
(6) ○　(7) ×　(8) ×

検討 (1)世界の中でも最低水準である。
(4)厚生年金保険は**国民年金(基礎年金)**の誤り。
(5)大陸型は**北欧型**の誤り。
(6)賦課方式は積み立てをしないので、インフレによる目減りはないが、老年人口の増加により現在働いている被保険者(若年層)の負担が増大するなどの問題がある。現在は賦課方式がとられている。
(7)後期高齢者医療制度では、75歳以上は健康保険や国民健康保険の対象から外された。
(8)ユニバーサル・デザインは**ノーマライゼーション**の誤り。ノーマライゼーションの実現のために、バリアフリー住宅建設への資金援助や道路・駅舎の改良などが必要とされる。

標準問題 •••••••••••••••• 本冊 p.87

⑩4

答 (1) ① エ　② ウ　③ イ
(2) イ　(3) 生存権

検討 (1)①連邦社会保障法では、年金保険・雇用保険の社会保険のほか、高齢者扶助などの公的扶助、母子保健サービスなどの社会福祉

が設けられた。
②1980年代のサッチャー政権では、「小さな政府」が推進され、「**ゆりかごから墓場まで**」とする全国民一律の福祉の精神は否定された。
(2)**ベバリッジ報告**は、雇用保険・健康保険などについて、全国民を等しく対象とするよう求めた。

⑩5

答 (1) ① エ　② イ　③ カ　④ ア
(2) ア　(3) エ　(4) オ　(5) 地域保健法
(6) イ　(7) ウ　(8) ア

検討 (1)②第1条に、「生活に困窮するすべての国民に対し、その困窮の程度に応じ、必要な保護を行い、その最低限度の生活を保障するとともに、その自立を助長することを目的とする」とある。
(2)労災保険の保険料は、事業主が全額を負担する。
(3)社会福祉法は福祉サービスの基本理念を示す法律である。
(6)日本では総人口に対する65歳以上の高齢者の割合が、1994年に14%をこえ、2017年には28%に達した。他の先進国と比べて、短期間に高齢化が進行している。

26 現代日本の諸課題

標準問題 •••••••••••••••• 本冊 p.89

⑩6

答 (1) ① 団体自治　② 自主　(2) ア
(3) ⓐ エ　ⓑ キ　ⓒ ク　ⓓ サ　ⓔ コ
(4) エ　(5) ウ

検討 (1)①地方公共団体が国の関与を排除して、自主的権限によってみずからの事務を処理しようとする考えを**団体自治**という。
(2)イはイギリスの哲学者、ウはフランスの啓蒙思想家、エはアメリカ初代大統領。
(3)首長など人の地位を失わせるような請求の署名数は、原則として有権者の3分の1以上

と条件が厳しくなっている。また，首長・議員の解職，議会の解散のような選挙の実施が生じる請求先は，**選挙管理委員会**となっている。

(4)**法定受託事務**は，本来は国の事務に属するが，法令に基づいて地方公共団体へ委任された事務。介護保健サービスのみは自治事務である。

(5)地方債を発行するには，都道府県・指定都市では総務大臣，市町村では都道府県知事と協議を行うことが必要とされる。ア．国からの補助金を減らし，別の形で地方公共団体が自由に使える資金を増やした。イ．国税だったものを地方税にして，自主財源化した。エ．国税から地方公共団体へ地方交付税として回される分を減らし，地方公共団体が独自に税金を取れるようにした。

107

答 (1) ① エ　② ウ　③ ク　④ ア　⑤ カ
(2) ウ　(3) イ　(4) エ
(5) ワーク・ライフ・バランス
(6) ビッグデータ　(7) ジェンダー　(8) ア

検討 (1)②ICTの発達によって，さまざまな種類のデータを大量に送受信できるようになった。
③人間の神経回路の機能をコンピューターにもたせたしくみ。身近な例では対話型スピーカーなどに導入されている。
④ICTを活用した在宅勤務のこと。感染拡大防止のため社員の多くがテレワークに入るような場合，定期的な報告・オンラインの会議などで規律を保つ必要がある。
⑤公共職業安定所のことで，国民の勤労の権利の保障を図っている。
(2)アはアメリカ，イはフランス，エはイギリス。日本は1980年代以降，最も急速に合計特殊出生率が低下している。
(3)少子化をくいとめるため，さまざまな保育サービスが提供されている。デイケアは介護

保険におけるサービスの1つである。
(4)暗号資産は電子的に記録され，代金の支払いなどに利用できる財産的価値であるが，中央銀行によって発行された通貨ではない。
(5)ワーク・ライフ・バランスの実現のため，労働者同士で仕事を分け合う**ワークシェアリング**の導入が課題となっている。
(6)地震直後に発せられる津波警報は，AIがビッグデータをもとに高速計算し，津波の高さ・到達予想時刻などを予測したものである。
(8)介護・育児など，日常的に時間のかかる用事がある場合，短い勤務時間・日数でも働ける**非正規雇用**の仕事を選ぶ人が多い。

108

答 (1) ① オ　② キ　③ ウ　④ エ
(2) シャウプ勧告　(3) エ　(4) ウ
(5) ⓐ プログラム規定説
ⓑ ベーシック・インカム

検討 (1)①自力で最低限度の生活を維持できない人のために，生活保護の給付をする制度が設けられた。
②1973年と1979年の2度，OPECが原油価格の引き上げを行い，**石油危機**がおこった。
④世界的な金融危機で景気後退した2008年には，年末に「派遣切り」が社会問題化し，失業率の上昇とともに生活保護世帯も増えた。
(3)**公的扶助**は最低限の生活の保障を行うこと，貧困・低所得者を対象としていること，公的責任で行うこと，租税を財源としていることなどの特徴がある。
(4)**国民皆保険・皆年金**は1960年代前半に実現し，すべての国民が何らかの年金制度・公的医療保険に加入するようになった。
(5)ⓐ憲法第25条1項の定める**生存権**は国政の指針にすぎず，国民が，国家に対して主張できる法的権利ではないと解釈された。

109

答 (1) ① オ　② ウ　③ カ　④ エ　⑤ イ

(2) ア　(3) ⓐ 労働組合法, 労働関係調整法
ⓑ イ　(4) ⓐ イ　ⓑ エ

検討 (1)③**年功序列賃金**は崩れ始め, 多くの企業は社員個人の能力や業績をより重視する経営方針に切り替わってきている。
④情報やサービス, 知識やソフトウェア的な要素が経済社会で占める比重が拡大している。
(2)イ. 一定以上の労働時間があれば, パートタイマーも厚生年金保険の対象となる。
ウ. 最低賃金制度は労働形態に関係なく適用される。エ. 減少は増加の誤り。
(4)ⓐ**ワークシェアリング**には, 労働時間の短縮に見合っただけの賃下げをともなう。
ⓑ**裁量労働制**においては, 労使協定で定められた「みなし労働時間」より短く働いても, 長く働いても, みなし労働時間の分だけ働いたものと計算される。

27 国際関係と国際法

基本問題 •••••••••••••••• 本冊 *p.96*

🄿🄿🄿

答 (1) 主権国家　(2) 国際社会
(3) 国民国家　(4) ナショナリズム

検討 (3)国民としての一体感の上に形成されたものを**国民国家**, 民族としての一体感をもつものを**民族国家**という。現代の主権国家は, 国民国家をもとに構成される。
(4)時代背景により**ナショナリズム**の訳語は使い分けられ, ナポレオン戦争後の国民主義, 第一次世界大戦後の国家主義, 第二次世界大戦後の民族主義などがある。

🄿🄿🄿

答 (1) 国際法　(2) 条約
(3) 主権平等(の原則)
(4) 内政不干渉(の原則)
(5) 国連海洋法条約　(6) ロシア　(7) 韓国
(8) 常設国際司法裁判所

(9) 国際司法裁判所(ICJ)
(10) 国際刑事裁判所(ICC)　(11) NGO

検討 (2)国家間の合意に基づき, 国家間の関係を規律する**国際法**には, 条約と国際慣習法がある。
(8)この前身が**常設仲裁裁判所**であり, 国際紛争の解決のために, 紛争国との間で仲裁を行う常設の裁判所として1901年に創設された。
(9)国際紛争は**国際司法裁判所**で裁判されるが, 裁判所が強制的管轄権をもたず, すべての当事国が同意しない限り, 裁判を始められない。

標準問題 •••••••••••••••• 本冊 *p.97*

🄿🄿🄿

答 (1) ① イ　② オ　③ ア　④ エ　⑤ ウ
(2) 国民国家　(3) エ　(4) ア
(5) 国連海洋法条約
(6) 民族自決(の原則)

検討 (1)②**グロティウス**は, 三十年戦争の最中に『**戦争と平和の法**』(1625年)を著し, 国際社会にも人間の理性に基づく自然法が存在すると主張して, 国家間で展開された権力闘争を規制するための国際法の必要性を説いた。
(4)1648年, この条約が結ばれたウェストファリア会議が, 近代国際会議の始まりといわれる。
(5)**公海自由の原則**は, グロティウスが『**海洋自由論**』(1609年)の中で主張した。

28 国際連合と国際協力

基本問題 •••••••••••••••• 本冊 *p.99*

🄿🄿🄿

答 (1) 第一次世界大戦　(2) 民族自決
(3) 集団安全保障　(4) 全会一致制

検討 (3)軍事力のバランスによって国際的な平和を維持しようとする**勢力均衡政策**では, 絶えず軍備の拡張が行われる。**集団安全保障体**

制は原則として武力行使を禁止することが前提で，平和維持のための協力を通じて国際緊張の緩和をはかることが可能となる。

 114

答 (1) ① キ ② ア ③ オ ④ エ
(2) ⓐ ウ ⓑ エ ⓒ ア
(3) 平和維持活動(PKO)
(4) 持続可能な開発目標(SDGs)　(5) ウ

検討 (2)イ. **世界保健機関(WHO)**は感染症の対策，保健事業の促進などを行っている。
オ. 世界貿易機関(WTO)は貿易の自由化と貿易に関する紛争解決をめざしている。
(3)PKO(Peace-Keeping Operations)の活動は，①国連平和維持軍(PKF)，②停戦監視団，③選挙監視団に大別できる。この活動は，紛争当事国の同意を得て行われる。日本も，1992年にいわゆる**PKO協力法**を制定してPKOへ参加している。また，2015年に成立した改正PKO協力法で，国連が直接統括する機関以外からの要請でも自衛隊の派遣が可能となった。
(5)国際連合の予算の分担率は，**アメリカ**が約2割を占め第1位だが，納付がとどこおることが多く，運営に支障をきたしている。

標準問題 ●●●●●●●●●●●●●● 本冊 p.100

115

答 (1) ① オ ② カ ③ イ (2) 安全保障
(3) ウ (4) ウ

検討 (1)②**ウィルソン**は，「十四か条の平和原則」を提唱し，国際平和機関の設立を訴えた。
(2)自国の安全保障を最優先すると，たとえその意思がなくても，他国に対して対抗的な姿勢をとる結果となる。これを**安全保障のジレンマ**とよぶ。
(4)**国際連盟**には，アメリカの不参加，ソ連・ドイツの排除(後に参加を承認)，違反国に対する制裁力の欠如(武力行使はできず経済制裁のみ)，**全会一致の原則**などの欠点があった。

116

答 (1) ① オ ② キ ③ エ ④ ウ (2)イ
(3) 拒否権　(4) ア　(5) ⓐ 国際労働機関(ILO)
ⓑ 国際通貨基金(IMF)
ⓒ 国連教育科学文化機関(UNESCO)

検討 (1)①**国連憲章**では，侵略行為に対する措置として，暫定措置→経済制裁→武力制裁の3段階を定めており，集団的自衛権の行使も認めている。
④**経済社会理事会**は，任期3年で選ばれた54か国からなる。
(3)**大国一致の原則**に基づき，5つの常任理事国(米・英・仏・ロ・中)に**拒否権**が与えられている。これは，国際社会の平和のためには，まず五大国の協力体制が必要であるとの考え方から生まれたものであるが，その一方で，拒否権の濫用という問題もある。
(4)安全保障理事会が，5常任理事国のいずれかの拒否権により機能しなくなったとき，安全保障理事会9か国以上の要請か，加盟国の過半数の要請により緊急特別総会が招集され，3分の2以上の多数決で必要な安全保障措置を講じることができる(「**平和のための結集**」**決議**)。2022年，ロシアによるウクライナ侵攻を受けて，この「平和のための結集」による総会が40年ぶりに開催された。

29 国際政治の動向

基本問題 ●●●●●●●●●●●●●● 本冊 p.103

 117

答 (1) マーシャル・プラン　(2) アメリカ
(3) ○　(4) ○　(5) 朝鮮戦争

検討 (1)1947年，アメリカ大統領**トルーマン**は，反政府ゲリラ活動の盛んなギリシャ・トルコへの援助を議会に要請し，共産主義を封じ込める政策(**トルーマン・ドクトリン**)を打ち出した。

⑪⑧

答　(1) 非同盟主義　(2) 非同盟諸国首脳会議
(3) エ　(4) 平和共存　(5) ベルリン
(6) ウ　(7) イ

検討　(3)ジュネーブ四巨頭会談には，ソ連の首
脳も参加した点に注意する。その後の平和共
存路線への第一歩となった。
(6)米ソ首脳が直接対談することができるよう
にホットラインとよばれる直通回線が設けら
れた。

⑪⑨

答　(1) ラッセル・アインシュタイン宣言
(2) 第五福竜丸事件　(3) NPT
(4) 国連軍縮特別総会　(5) CTBT
(6) アフガニスタン侵攻　(7) マルタ会談
(8) ドイツ
(9) 欧州安全保障協力機構(OSCE)
(10) 難民

検討　(2)1954年にアメリカがビキニ環礁で
行った水爆実験に際して，日本漁船の**第五福
竜丸**が核汚染の被害に遭う事件がおこったこ
とを機に，**原水爆禁止運動**が盛んになった。
(10)1990年代の地域紛争で，クルド難民，コ
ソボ難民，ルワンダ難民など，2010年代の
シリア内戦でシリア難民が大量に発生した。

標準問題 ●●●●●●●●●●●● 本冊 *p.104*

⑫⓪

答　(1) ① キ　② カ　③ ウ　④ エ
(2) トルーマン・ドクトリン　(3) NATO
(4) 朝鮮戦争　(5) EU(欧州連合)　(6) ア

検討　(1)②米・ソを二極とした**冷戦構造**は
1972年のニクソン米大統領の訪中以後，米・
中・ソの三極構造へと変化した。さらに，
EC・日本・第三世界などが加わり，多極化
といわれる状況が生まれた。
(3)1966年には，アメリカ・イギリスの核政
策に反発したフランスが，NATOの軍事部

門から脱退した(2009年に復帰)。
(6)**バンドン会議**は，インドネシアの都市バン
ドンで開かれた会議で，**アジア・アフリカ会
議**ともよばれる。史上初の有色人種だけの会
議で，植民地主義に反対し，世界平和のため
にアメリカ・ソ連のいずれの陣営にも加わら
ない国々が協力し合うことを決めた。

⑫①

答　(1) ① イ　② オ　③ ア　④ カ　⑤ ウ
(2) パグウォッシュ会議　(3) NGO

検討　(1)②正式名は「大気圏内，宇宙空間及び
水中における核兵器実験を禁止する条約」。
地下実験を禁止しない点で「部分的」とされる。
③**核拡散防止条約(NPT)**は，核保有国が非
保有国へ核を輸出すること，非保有国が核を
製造することを禁止した条約。核保有国フラ
ンスと中国は当初，米ソによる核兵器独占と
見て参加しなかったが，1992年にようやく
加盟した。
④**中距離核戦力(INF)全廃条約**は，部分的な
がらも史上初めて核兵器の削減を求めた条約。
2019年に失効。
(3)対人地雷全面禁止条約の採択は地雷禁止国
際キャンペーン(ICBL)が，核兵器禁止条約
の採択は核兵器廃絶国際キャンペーン
(ICAN)がそれぞれ主導した。

30　国際社会と日本

基本問題 ●●●●●●●●●●●● 本冊 *p.107*

⑫②

答　(1) サンフランシスコ平和条約
(2) 自由主義諸国との協調
(3) 日中平和友好条約
(4) 戦後補償(問題)　(5) ウ

検討　(1)東アジアにおける日本の役割を重視し
たアメリカは，平和条約と同じ日に**日米安全
保障条約**を結び，独立後もアメリカの軍隊が

日本に駐留（ちゅうりゅう）することを認めた。

(2)日本にとって, 自由主義諸国(資本主義諸国)が主要なパートナーとみなされた。

(4)**戦後補償をめぐる問題**には, 従軍慰安婦（いあん）問題や強制連行被害者への補償問題などがある。日本政府は, 日韓基本条約や日中共同声明の調印により, 戦争被害の補償問題は国家間では解決済みとの姿勢を示している。

(5)朝鮮民主主義人民共和国(北朝鮮)は**核拡散防止条約(NPT)**や**国際原子力機関(IAEA)**を脱退したうえで核開発を進めた。

標準問題 •••••••••••••••• 本冊 *p.107*

123

答 (1)① ウ ② カ ③ オ ④ イ

(2) 日ソ共同宣言　(3) ODA

(4) ⓐ 日韓基本条約　ⓑ 日中共同声明（ア セ アン）

(5) ASEAN地域フォーラム

検討 (1)①②1956年に外務省が発表した文書に, **外交三原則**が示された。

④広島・長崎へ原子爆弾が投下された。

(2)**北方領土問題**（ほっぽうりょうど）解決の見通しが立たないことから, 平和条約に代えて戦争状態の終結と国交回復を**日ソ共同宣言**に定めた。

124

答 (1)① カ ② ア ③ ウ

(2) A ウ B イ C ア

検討 (1)②アジア通貨危機をきっかけに, 1997年から**ASEAN＋3会議**（ア セ アン）が開催されている。

③「**人間の安全保障**」は, 人間1人ひとりの生存をおびやかす災害・環境破壊・テロなどの国境をこえた問題に対処する構想である。

 テスト対策

●主権の概念（がいねん）

①国家権力そのもの(**統治権**（とうち）)

②国家権力の最高・独立性(**対外・対内主権**)

③国政についての最高決定権(**国民主権**)

31 貿易と国際収支

基本問題 •••••••••••••••• 本冊 *p.110*

125

答 (1) 自給自足経済　(2) 国際分業

(3) 比較優位　(4) リカード　(5) 水平的分業

(6) 垂直的分業　(7) 保護貿易

検討 (5)(6)**垂直的分業**は, 第二次世界大戦後に主流となったが, 多国籍企業の発展途上国への本格的進出などにより, **水平的分業**も増加している。

126

答 (1) 国際収支（こくさいしゅうし）　(2) 黒字

(3) 貿易・サービス収支　(4) 金融収支（きんゆう）

検討 (3)海外との財・サービスの取り引き状況を示すのが, **経常収支**である。

127

答 (1) 為替（かわせ）　(2) 外国為替（がいこく）

(3) 為替レート　(4) 変動為替相場制（そうば）

(5) 公的介入　(6) 円高（えんだか）

検討 (2)通貨の種類が異なる外国との貸借（たいしゃく）を決済（さい）する手段として, **外国為替**が用いられる。

(5)日本銀行が円相場に介入する場合は, 紙幣（しへい）を増刷するのではなく, 政府短期証券を発行して資金を調達する。

標準問題 •••••••••••••••• 本冊 *p.111*

128

答 (1)① キ ② オ ③ イ ④ カ ⑤ ア

(2) 比較生産費説（ひかくせいさん ひ せつ）　(3) ア

検討 (1)④**リスト**は, 輸入数量制限や高関税などの輸入制限策を用いて, 国内市場を保護することを主張した。

(3)労働力は右表のように移動する。工業製品の

	工業製品	農産品
A国	6人	0人
B国	6人	12人

生産量はＡ国で３単位，Ｂ国で0.5単位，合
計3.5単位となる。元の合計が２単位なので，
3.5 − 2 = 1.5単位となる。

🄯129

答　(1) ① エ　② ク　③ ウ　④ イ　⑤ オ
(2) ウ　(3) 円安（ドル高）
(4) 20万円安くなった。

検討　(2)ア．輸送・旅行などの取り引きによる
収支（サービス収支），財の輸出入による収支
（貿易収支）ともに黒字だった。イ．資本移転
等収支は外国へのダム・道路などの資本財の
無償援助，第二次所得収支は消費財の無償援
助で，いずれも日本の援助額が大きいため赤
字となっている。エ．株式や国債への投資に
よる収支は証券投資，企業買収などの投資の
収支は直接投資にあたり，直接投資の方が多
い。
(3)円の対ドル価値が高まることを**円高（ドル
安）**といい，逆の現象を**円安（ドル高）**という。
一般に円高になると，輸出が伸び悩み，輸入
が増加するようになる。そのため，輸入品と
競合する国内産業の生産活動が圧迫される。
一方，円高のメリットは，コストの低下から
潜在購買力が増加して内需拡大に結びつき，
物価上昇率が低下することである。
(4)為替レート（為替相場）の変動前は140 ×
10000により1,400,000円。変動後は1,200,000
円となった。

┌─────────────────────────┐
✎テスト対策
●国際経済のしくみ
①自由貿易論と保護貿易論
②国際収支…経常収支，金融収支など
③固定為替相場制と変動為替相場制
└─────────────────────────┘

32　国際経済体制の変化

基本問題 ●●●●●●●●●●●●● 本冊 *p.114*

🄯130

答　(1) 金本位制　(2) ガリオア・エロア資金
(3) 国際復興開発銀行（IBRD）
(4) IMF-GATT体制　(5) 固定為替相場制
(6) 多角主義
(7) ニクソン・ショック（ドル・ショック）
(8) スミソニアン協定　(9) キングストン合意

検討　(3)1960年には発展途上国への融資のた
め国際開発協会（IDA）も設立された。IBRD
とIDAはともに世界銀行グループに含まれる。
(6)二国間主義や地域主義と対立する概念とし
て，**多角主義**がある。

🄯131

答　(1) ×　(2) ○　(3) ○　(4) ○　(5) ×
(6) ○　(7) ○　(8) ×

検討　(1)経常収支も赤字であった。
(4)**GATT**は，1948年に発足して以来，多角
的貿易交渉（ラウンド）で加盟国の関税引き下
げを行い，関税以外の制限措置（非関税障壁）
の撤廃など，貿易の自由化を推進してきた。
(5)ウルグアイ・ラウンドは**ドーハ・ラウンド**
の誤り。ウルグアイ・ラウンドでは，知的財
産権について新たなルールを確立した。さら
に，農産物に関しては非関税障壁の関税化な
どによって貿易の自由化をはかった。
(7)資金の貸し手が規制を受けたり，リスクに
過敏になるなど，借り手に資金が渡らなくな
る現象を**信用収縮（デ・レバレッジ）**という。
(8)デリバティブ（金融派生商品）は暗号資産の
誤り。

標準問題 ●●●●●●●●●●●● 本冊 *p.115*

🄯132

答　(1) ① エ　② カ　③ ア　④ キ　⑤ イ
(2) ドル　(3) ウ

検討 (1)②**自由貿易**には，海外から安価な商品を輸入できる，海外企業からの競争圧力により国内の独占の弊害を軽減できる，海外から技術が移転されるなどの利点がある。
③**ブレトン・ウッズ協定**は，為替レート(為替相場)の安定と貿易の自由化を進めて世界貿易の拡大をはかり，世界経済の安定と発展をめざした。
(2)国際間の取り引きに広く利用される決済通貨を**基軸通貨(キー・カレンシー)**という。第二次世界大戦後は，アメリカ・ドルが基軸通貨となっている。

133
答 (1)① 変動　② SDR(特別引き出し権)
③ アジア　(2) プラザ合意　(3) 直接投資
検討 (1)②**IMF**は，1976年のキングストン会議で固定為替相場制から変動為替相場制への移行を正式に承認し，1978年から新しい国際通貨体制(キングストン体制)が発効した。この体制では，金の公定価格の廃止，SDR(特別引き出し権)の役割拡大などが行われた。

33 発展途上国の諸問題

基本問題 •••••••••••••••••••• 本冊 *p.117*

134
答 (1) 南北問題　(2) 国連開発の10年
(3) プレビッシュ報告
(4) 資源ナショナリズム
(5) 新国際経済秩序(NIEO)樹立宣言
検討 (3)1964年，UNCTADの初代事務局長**プレビッシュ**は，援助のみでなく，貿易の拡大による経済の発展を趣旨とする報告書(**プレビッシュ報告**)を提出し，国際社会の理解を求めた。
(5)**新国際経済秩序(NIEO)樹立宣言**の後，発展途上国の工業化とそのための国際協力がめざされるようになった。

135
答 (1) NIES　(2) 輸出志向工業化政策
(3) 累積債務問題　(4) UNDP
検討 (1)**NIES(新興工業経済地域)**とは，韓国・台湾・香港・シンガポール・ブラジル・メキシコなど，急速な工業化と高い経済成長率を達成した国や地域のこと。
(2)**輸出志向工業化政策**においては，労働集約的に生産された国際競争力の高い製品が輸出される。

標準問題 •••••••••••••••••••• 本冊 *p.117*

136
答 (1)① エ　② ア　③ カ　④ イ
(2) モノカルチャー経済　(3) ア
(4) 一般特恵関税
検討 (2)**発展途上国**の多くは，長い期間にわたる植民地支配の影響もあって，特定の農産物や鉱産物など，一次産品の生産・輸出に国の経済が依存せざるをえない状態にある。
(4)発展途上国の輸出を拡大するために，先進国が発展途上国から輸入する場合に，通常よりも特別に低い関税率にするか，関税を無税にすることを，**一般特恵関税**という。

137
答 (1)① エ　② ウ　③ イ　④ ア　⑤ カ
(2) 新国際経済秩序(NIEO)樹立宣言
(3) 資源ナショナリズム
(4) 後発発展途上国(LDC)
(5) リスケジューリング
検討 (4)発展途上国の中でも，特に経済発展の遅れている国のこと。1人あたりの国民総所得が低く(1,018ドル未満)，飢餓が恒常化し，識字率や工業化率も低い国で，アフリカ諸国が大半を占める。
(5)外国から資金を借りた国が，国際収支の悪化のために返済困難になった際，返済期限を遅らせてもらう，**債務返済繰り延べ**のこと。**債務不履行**は**デフォルト**という。

34 地域経済統合と新興国の台頭

基本問題 •••••••••••• 本冊 *p.120*

⑬

答 (1) 地域主義　(2) EC　(3) 共通農業政策
(4) ユーロ　(5) メキシコ　(6) メルコスール
(7) ASEAN（アセアン）　(8) APEC（エイペック）　(9) EPA

検討 (2)1967年，ECSC（欧州石炭鉄鋼共同体），
EEC（欧州経済共同体），EURATOM（欧州原
子力共同体）が統合して，ECが成立した。
(3)**共通農業政策**は，農家の所得を保証する政
策，加盟国間・地域間の生産条件などの格差
を是正する政策などから成り立つ。
(6)**メルコスール**はスペイン語（ポルトガル語）
で「市場」「共同の」「南」の3つの語句を組み
合わせた言葉。
(9)**EPA**はFTA（自由貿易協定）をもとに，投
資促進・知的財産権保護・経済協力・人の移
動など，経済全般にわたって広く締約国間の
連携を深めることを目的としている。日本は
シンガポールとの間に初めてEPAを締結し
た（2002年発効）。

⑭

答 (1) ×　(2) ○　(3) ×　(4) ×　(5) ○

検討 (1)NIESは**BRICS**（ブリックス）の誤り。BRICSはブ
ラジル（Brazil），ロシア（Russia），インド（India），
中国（China），南アフリカ（South Africa）の
頭文字をつなげた言葉。
(3)南アフリカはロシアの誤り。2014年にウ
クライナ領のクリミアを一方的に自国へ編入
したロシアに対して，アメリカやNATO諸
国が中心となって経済制裁を科した。2022
年のロシアのウクライナへの侵攻を受けてそ
の制裁は強化され，経済的な断交にまで発展
した。
(4)プラントは**ソフトウェア**の誤り。
(5)ブラジルは現在，アメリカと並ぶバイオ燃
料生産国となっている。

標準問題 •••••••••••• 本冊 *p.121*

⑭

答 (1) ① オ　② ア　③ ウ
(2) 地域主義　(3) エ
(4) マーストリヒト条約（欧州連合条約）

検討 (1)①メキシコの経済成長にともない，
NAFTA（ナフタ）全体の貿易額は急速に拡大した。
③当初ECとして，フランス・西ドイツ（当時）・
イタリア・ベルギー・オランダ・ルクセンブ
ルクの6か国から構成されていた。1973年
にイギリス・デンマーク・アイルランド，
1981年にギリシャ，1986年にスペイン・ポ
ルトガルが加盟して12か国になった。1993
年11月，**マーストリヒト条約**（欧州連合条約）
が発効（はっこう）し，EUが誕生した。2020年のイギリ
スの離脱（ブレグジット）により，加盟国は
27か国になった。
(3)**ユーロ**は1999年から銀行間取り引きで使
用され，2002年から流通が開始された。

⑭

答 (1) ア　(2) ウ

検討 (1)イ．中南米のAPEC（エイペック）参加国としては，
メキシコ・ペルー・チリがあげられる。ウ．シェ
ンゲン協定は1990年に調印され，締結国間
でパスポート審査なしに越境できるように
なった。エ．ASEAN（アセアン）＋3は，ASEAN10か
国に日本・中国・韓国を加えた会議で，
1997年から開催されている。
(2)ア．OECDは先進国が加盟し，貿易自由化，
発展途上国の支援，経済成長を三大目的とし
ている。イ．BRICS（ブリックス）の5か国で自由貿易協
定は結ばれていない。エ．**経済特区**は中国南
東沿岸部に設置された，外国企業誘致（ゆうち）を推進
する区域。

⑭

答 (1) ① キ　② イ　③ ア　④ オ
(2) イ　(3) エ　(4) FTA

[検討] (1)④ APECは1989年にオーストラリア
の提唱で始まり，アジア・太平洋地域での開
かれた地域協力をめざしている。1994年に
はボゴール宣言が採択され，域内の貿易・投
資の自由化について具体的な方向が示され
た。
(2)アジアのOECD加盟国は，日本・韓国・
トルコ・イスラエルのみ。

35 国際社会の諸課題

標準問題 ●●●●●●●●●●●●●●●●●●● 本冊 *p.123*

143
[答] (1) エ (2) イ (3) エ
[検討] (1)ア．カントはグロティウスの誤り。
イ．条約の締結は内閣が行い，条約を公布す
るのが天皇の国事行為である。ウ．植民地
独立付与宣言は1960年の国連総会において
採択された。
(2)ア．クルド人は主に西アジアの複数国にま
たがる「クルディスタン」とよばれる地域に
散在しており，新しい国家はつくられていな
い。ウ．ウィーン宣言は1993年の世界人権
会議で採択された。エ．ジェノサイド条約は
第二次世界大戦中のナチスによるユダヤ人迫
害を契機に，1948年に採択された。
(3)ア．全理事国の賛成は全常任理事国を含む
9理事国の賛成の誤り。イ．明示されてはい
ない。ウ．アメリカは日本(広島)の誤り。

144
[答] (1) ① エ ② イ ③ ク ④ カ
(2) インティファーダ
[検討] 第一次中東戦争の結果，1948年にそれ
までパレスチナを委任統治していたイギリス
が撤退すると，大部分の地域はイスラエルが
占領して独立を宣言したが，ヨルダン川西岸
地区はヨルダン軍が，ガザ地区はエジプト軍
が占領した。1967年にイスラエルが占領し
た後も，西岸とガザ地区は東エルサレムを除
いてイスラエルの領土には併合されなかった。

145
[答] (1) ① オ ② コ ③ ア ④ ウ ⑤ カ
(2) ソマリア
[検討] (1)②日米安全保障共同宣言では，両国が
PKOや人道的な国際救援活動において，幅
広い協力を行うことをうたっている。
③日米防衛協力のための指針(新ガイドライ
ン)では，両国の防衛交流，共同作戦計画，
共同演習・訓練の強化などが定められた。
④周辺事態法において，「そのまま放置すれ
ばわが国に対する直接の武力攻撃に至るおそ
れのある事態等，わが国周辺の地域における
わが国の平和および安全に重要な影響を与え
る事態」が，「周辺事態」として定義された。

146
[答] (1) トランプ (2)② エ ③ カ ④ イ
(3) ウ (4) 交通・通信の発達によって，経済
活動が地球規模で展開され，ヒト・モノ・カ
ネ・情報が国境をこえて自由に移動すること。
(5) ア，ウ，エ (6) ウ
(7) 南南問題 (8) 安倍晋三
[検討] (1)トランプ大統領はTPPからの離脱，
中距離核戦力(INF)全廃条約の破棄，パリ協
定からの離脱などユニラテラリズム(単独行
動主義)の姿勢を明らかにした。
(2)④RCEPは，日本にとって中国・韓国と
結ばれた初の経済連携協定である。
(5)G7はアメリカ・イギリス・フランス・ド
イツ・日本・イタリア・カナダからなる。こ
れにEU代表を加えてサミットが開催される。
(8)安倍晋三元首相は，退任後の2022年に暗
殺された。

147
[答] (1) ① 地球サミット ② 持続
③ 気候変動 (2) ⓐ ラムサール
ⓑ モントリオール ⓒ バーゼル
(3) ヨハネスブルク

検討 (2)ⓐ日本では，釧路湿原が最初にラムサール条約に登録された。
ⓑモントリオール議定書は，オゾン層を破壊するおそれのある物質を特定し，その物質の生産・消費を規制して健康・環境を保護することをめざしている。

148

答 (1)① 温室効果 ② 温暖
(2) ⓐ カ ⓑ ア ⓒ エ (3)京都議定書
検討 (1)①二酸化炭素・メタンガス・一酸化二窒素・ハロカーボン類・一酸化炭素・地上オゾンなどが，**温室効果ガス**にふくまれる。
(2)イはアメリカ，ウはインド，オはドイツ。

149

答 (1)① オ ② エ ③ イ
(2) トウモロコシ(サトウキビ)
検討 (1)①化石燃料を燃焼すると，二酸化炭素・窒素酸化物・硫黄酸化物などの物質が大気中に放出され，**地球温暖化**や**酸性雨**などさまざまな問題をもたらす。
(2)アメリカでは，トウモロコシ生産量の3割以上が，**バイオ燃料**の原料に使われている。